财务会计与审计管理

胡云慧 史彬芳 王 浩 主编

吉林科学技术出版社

图书在版编目（CIP）数据

财务会计与审计管理 / 胡云慧，史彬芳，王浩主编. -- 长春：吉林科学技术出版社，2020.9
ISBN 978-7-5578-7543-5

Ⅰ.①财… Ⅱ.①胡… ②史… ③王… Ⅲ.①财务会计②财务审计 Ⅳ.① F234.4 ② F239.41

中国版本图书馆 CIP 数据核字（2020）第 200270 号

财务会计与审计管理

主　　编	胡云慧　史彬芳　王　浩
出 版 人	宛　霞
责任编辑	汪雪君
封面设计	薛一婷
制　　版	长春美印图文设计有限公司
开　　本	16
字　　数	260 千字
印　　张	11.75
印　　数	1-500 册
版　　次	2021 年 6 月第 1 版
印　　次	2021 年 6 月第 1 次印刷
出　　版	吉林科学技术出版社
发　　行	吉林科学技术出版社
地　　址	长春净月高新区福祉大路 5788 号出版大厦 A 座
邮　　编	130118
发行部电话 / 传真	0431—81629529　81629530　81629531
	81629532　81629533　81629534
储运部电话	0431—86059116
编辑部电话	0431—81629520
印　　刷	北京宝莲鸿图科技有限公司
书　　号	ISBN 978-7-5578-7543-5
定　　价	50.00 元

版权所有　翻印必究　举报电话：0431—81629508

前　言

目前我国经济发展速度非常快，企业面临的市场环境也在不断发生变化。企业要想在这种经济环境下取得竞争优势，那么就应该重视财务管理，并且利用财务管理来建立企业的核心竞争力。财务会计能够反映企业的经营活动，是企业管理的重要组成部分，对企业的经济发展有一定的影响。而财务审计管理是企业财务管理的重要组成部分，也是保证财务管理工作的基础，增强了费用投入的真实性和有效性，降低了审核工作的纰漏和财务管理风险，提高了财务管理的效率和水平。合理使用会计、审计能够有效地提升企业财务管理的质量和水平。在经济不断发展的今天，企业需要加强财务管理，提升会计、审计水平，这样才能够保证企业资金使用合理，推动企业向前发展。

本书基于财务与管理理论，主要从财务会计与审计两部分展开，探讨了财务会计与审计管理。首先探讨了财务会计的基本理论，其次对财务会计中的基本要素进行了阐述，包括资产、负债、所有者权益、收入、费用和利润，随后探讨了审计方面的基本理论知识，并对财务的审计实务做了阐述，包括了销售与收款循环审计、采购与付款循环审计、生产与存货循环审计和货币资金审计，最后从审计计划、现场、资源质量、信息等的管理方面对审计管理的基本理论进行了论述。

由于编者编写时间紧张，理论水平有限，书中错误在所难免，恳请广大读者批评指正，以便修订与完善。

目 录

第一章 财务会计简述 /1

　　第一节　财务会计基本理论 /1

　　第二节　财务会计要素及计量 /6

　　第三节　财务会计岗位 /12

　　第四节　企业会计准则 /15

第二章 资　产 /17

　　第一节　货币资金 /17

　　第二节　应收及预付款项 /26

　　第三节　存货 /29

　　第四节　固定资产 /43

　　第五节　无形资产及其他资产 /52

第三章 负　债 /58

　　第一节　流动负债 /58

　　第二节　非流动负债 /71

第四章 所有者权益 /77

　　第一节　实收资本 /77

　　第二节　资本公积 /81

　　第三节　留存收益 /84

第五章 收入、费用和利润 /88

　　第一节　收入 /88

　　第二节　费用 /95

　　第三节　利润 /98

第六章 审计概述 /103

第一节 审计的产生与发展 /103

第二节 审计的定义和特征 /106

第三节 审计的分类 /109

第七章 审计实务 /111

第一节 销售与收款循环审计 /111

第二节 采购与付款循环审计 /124

第三节 生产与存货循环审计 /133

第四节 货币资金审计 /144

第八章 审计管理 /154

第一节 审计管理概述 /154

第二节 审计计划管理 /159

第三节 审计现场管理 /162

第四节 审计资源管理 /165

第五节 审计质量管理 /168

第六节 审计信息管理 /172

参考文献 /179

第一章 财务会计简述

第一节 财务会计基本理论

一、财务会计的概念及特点

（一）财务会计的概念

财务会计是以《中华人民共和国会计法》为准绳，依据《企业会计准则》和《企业会计制度》，按照规定的会计程序，采用一系列专门的方法，对企业经济活动进行核算和监督，并以财务报告的形式，为有关方面提供企业财务信息而进行的一项经济管理活动。

财务会计是现代企业的一项重要的基础性工作，是现代会计的一个分支，与管理会计共同构成了现代企业会计系统的有机整体。

（二）财务会计的特点

财务会计的主要特点可归纳为以下几个方面：

1. 财务会计的服务对象是以盈利为目的的企业

这一特点是相对于预算会计来说的。由于预算会计的服务对象是政府及非营利组织而企业财务会计的服务对象是盈利组织，这就决定了企业财务会计需要以权责发生制为基础，通过收入和支出的配比来核算盈亏，分期考核企业的经营业绩。不仅如此，由于企业都是由所有者投资建立的，而且所有者都希望从投资中获取报酬，所以，企业会计存在着明确的所有者权益核算。

2. 财务会计的目标侧重于对外报告

这一特点是相对于管理会计来说的。由于管理会计的目标侧重于对内报告，而财务会计的目标侧重于对外报告，这就决定了企业财务会计应该从所有者、债权人及政府部门等企业外部财务关系人的要求出发，提供规范的、前后期一致的财务报告。通常情况下，企业所有者和债权人主要关心企业的偿债能力和获利能力，所以，企业财务会计需要提供反映偿债能力的资产负债表和现金流量表，需要提供反映获利能力的利润表。当然，随着市场经济的发展，企业所有者、债权人、政府部门等也会越来越多地关注企业其他方面的信息，如职工福利、环境保护等社会责任方面的信息。可以预见，在不远的将来，来自于企业外部的这些要求将会大大丰富企业财务报告的内容。

3.财务会计的核算需要遵循企业会计准则的统一要求

这一特点是由企业财务会计侧重于对外报告所决定的。由于企业财务会计侧重于向所有者、债权人、政府部门等外部关系人提供信息，所以，它必须严格遵循企业会计准则的统一规定，以保证其所提供的信息在时间上的一致性和空间上的可比性。

二、财务会计的目标

财务会计的目标是指企业会计工作所要达到的目的。从会计发展的过程来看，财务会计目标是一个动态的概念，它并不是一成不变的。一般来说，企业会计目标要受到经济环境、社会环境、企业组织形式等多种因素的影响。众所周知，会计工作最基本的职能是生成和提供会计信息，这是会计技术性的一面，正是在技术性方面，会计工作才有别于计划、统计、人事等其他企业管理工作。但是会计工作究竟为谁提供信息呢？会计信息使用者有没有主次之分呢？会计不仅仅为单个企业业主提供信息，会计核算和会计信息服务对象的范围逐步扩大到企业外部投资者、债权人以及社会公众。同时，企业会计提供的信息更应满足国家宏观经济管理的需要。具体来说，财务会计的目标可概括为如下三个方面。

（一）为投资者、债权人等外部使用者了解企业财务状况和经营成果提供会计信息

在市场经济条件下，企业处于错综复杂的经济关系之中，其生产经营活动与投资者债权人等存在着密切的关系。投资者投资的目的在于获取收益，参与企业税后利润的分配。为此，他们需要判断企业的财务状况和获利能力；需要了解企业的经营状况和损益数据；需要掌握企业资产的保管、使用情况，监督企业有效地运用资产等等。债权人出于对自身债权安全的考虑，也需要准确地判断企业的偿债能力；了解企业的资本结构和资金运行情况；科学地分析债权投资的风险等等。由于投资者和债权人不直接参与企业的生产经营活动，所以，他们的上述需求就只能依赖于企业对外提供的经过注册会计师审计的会计报表了。

（二）为国家宏观经济调控和管理提供会计信息

财务会计为国家宏观经济管理服务是我国会计一贯遵循的原则。与过去不同的是，计划经济条件下，国家对企业实施的是直接管理，企业会计主要是为国家对企业实施直接管理和统收统支服务；而在市场经济条件下，国家对企业的管理已逐步由直接管理变为间接管理，会计服务的内容也相应地转变为满足国家实施宏观经济调控和间接管理服务。

在社会主义市场经济条件下，企业作为宏观经济的微观个体，其生产经营情况的好坏，

经济效益的高低，都直接影响着整个国民经济的运行情况。所以，政府仍需要通过定的宏观调控和管理措施对国民经济运行情况进行调节，需要通过对企业会计归集整理的会计信息进行汇总分析，了解和掌握国民经济的整体运行情况，以对国民经济运行状况做出准确的判断，制定和实施正确有效的调控和管理措施，促进国民经济健康有序地发展。

（三）为企业加强内部经营管理提供会计信息

科学的内部管理制度是企业生存和发展的重要条件，而会计信息的生成系统和会计的预测、决策、预算和控制系统则是企业内部管理制度的几个重要环节。会计首先是企业内部重要的信息系统，其提供准确可靠的信息，有助于经营者进行合理的预测和决策，有助于强化企业内部的经营管理和资金管理。不仅如此，随着会计电算化的普及和推广，会计人员将从大量繁重的计算工作中解放出来，从而使得他们有更多的时间和精力直接参与企业的预测、决策等管理活动，在原来单纯提供会计信息的基础上，进一步编制科学的会计预算，实施有效的会计控制，把会计工作真正融入企业整个内部经营管理制度之中。

三、会计基本假设和要求

（一）会计基本假设

为保证会计信息的一致性和符合财务报告的目标，财务会计要在一定的假设条件下才能进行确认、计量、记录和报告会计信息，这就是会计假设。

1. 会计主体

会计主体是指企业会计确认、计量和报告的空间范围，是会计人员核算和监督的特定单位。会计主体假设要求会计人员只能核算和监督所在主体的经济活动。这一前提的主要意义在于：一是将特定主体的经济活动与该主体所有者及职工个人的经济活动区别开来；二是将该主体的经济活动与其他单位的经济活动区别开来，从而界定了从事会计工作和提供会计信息的空间范围，同时说明了会计主体的会计信息仅与该会计主体的主题活动和成果相关。

例如，一项商品购销业务，甲方是买方，乙方是卖方。按照会计主体的要求，会计人员应站在本企业的立场处理业务，即甲方的会计应作商品购进的会计处理，而乙方的会计应作商品销售的会计处理。

会计主体不同于法律主体。法人可以作为会计主体，但会计主体不一定是法人。例如由自然人所创办的独资和合伙企业不具有法人资格，这类企业的财产和债务在法律上被视为业主或合伙人的财产和债务，但在会计核算上必须将其作为会计主体，以便将企业的经济活动与其所有者的经济活动，以及其他实体的经济活动区分开来；企业集团由若干个具有法人资格的企业组成，各个企业既是独立的会计主体，又是法律主体，但为了反映整个集团的财务状况、经营成果及现金流量情况，还应编制该集团的合并会计报表，企业集团是会计主体，但不是一个独立法人。

2. 持续经营

持续经营是指在可预见的未来，会计主体将当前的规模和状态持续经营下去，不会停业，也不会大规模削减业务。例如，企业固定资产计量应按购建时的历史成本入账，固定资产价值通过提取折旧的形式，在其使用年限内分期转作费用等，都是以持续经营为前提的。

3. 会计分期

会计分期是指将一个企业持续经营的生产经营活动划分为一个个连续的、间隔相同的期间。会计分期的目的在于通过会计期间的划分，将持续经营的生产经营活动划分成连续相等的期间，据以结算盈亏，按期编报财务报告，从而及时向财务报告使用者提供有关企业财务状况、经营成果和现金流量的信息。

我国企业会计准则中，将会计期间分为年度和中期。会计年度与公历年度相同，从1月1日开始到12月31日止。中期是指小于一个完整年度的会计报告期间，包括半年度、季度和月度。

明确会计分期假设的意义重大，会计分期界定了会计信息的时间段落，为分期结算账目和编制财务会计报告奠定了基础；有了会计分期，便产生了当期和以前期间、以后期间的差别，才使不同类型的会计主体有了记账的基准，进而出现了折旧、摊销等会计处理方法。

4. 货币计量

货币计量是指会计主体在财务会计确认、计量和报告时以货币计量，反映会计主体的生产经营活动。《企业会计制度》规定，会计核算以人民币为记账本位币。业务收支以外币为主的企业，也可以选择某种外币作为记账本位币，但编制会计报表时必须换算为人民币。

以上会计核算的四项基本前提，具有相互依存、相互补充的关系。会计主体确立了会计核算的空间范围，持续经营与会计分期确立了会计核算的时间长度，而货币计量为会计核算提供了必要的手段。没有会计主体，就没有持续经营；没有持续经营，就不会有会计分期；没有货币计量，就不会有现代会计。

（二）财务会计信息的质量要求

财务会计的信息质量要求是对企业财务报告中所提供的会计信息质量的基本要求，是使财务报告中所提供会计信息对投资者等使用者决策有用应具备的基本特征，它包括可靠性、相关性、可理解性、可比性、重要性、谨慎性、及时性和实质重于形式。

1. 可靠性

要求企业应当以实际发生的交易或者事项为依据进行确认、计量和报告，如实反映符合确认和计量要求的各项会计要素及其他相关信息,保证会计信息真实可靠、内容完整会计信息要想有用,必须以可靠为前提,如果财务报告所提供的会计信息是不可靠的,就会对投资者和使用者的决策产生误导甚至带来损失。

2. 相关性

要求企业提供的会计信息应与投资者的财务报告和使用者的经济决策需要相关,有助于投资者和财务报告使用者对企业过去、现在或者未来的情况做出评价或者预测会计信息是否有用,是否具有价值,关键是否与使用者的决策需要相关,是否有助于决策或者提高决策水平。相关的会计信息应当能够有助于使用者评价企业过去的决策,证实或者修正过去的有关预测,因而具有反馈价值。相关的会计信息还应当具有预测价值,有助于使用者根据财务报告所提供的会计信息预测企业未来的财务状况。

3. 可理解性

要求企业提供的会计信息应当清晰明了,便于投资者和财务报告使用者理解和使用企业编制财务报告,提供会计信息的目的在于使用,想要使用者有效使用会计信息,就应当能让其了解会计信息的内涵,弄懂会计信息的内容,这就要求财务报告所提供的会计信息应当清晰明了,易于理解。如果决策者不理解企业所提供的会计信息,即使提供的信息既可靠又相关,也不会有用。

4. 可比性

要求企业提供的会计信息应当相互可比,主要包括以下两层含义。

(1) 同一企业不同时期可比,即纵向可比。为了便于投资者和财务报告使用者了解企业财务状况、经营成果和现金流量的变化趋势,比较企业在不同时期的财务报告信息,全面、客观地评价过去、预测未来,从而做出决策,会计信息质量的可比性要求同一企业不同时期发生的相同或者相似的交易或者事项,应当采用一致的会计政策,不得随意变更。当然,这并非表明企业就不得变更会计政策,若变更后可以提供更可靠、更相关的会计信息,则可以变更会计政策,但应当在附注中予以说明。

(2) 不同企业相同会计期间可比,即横向可比。为了便于投资者等财务报告使用者评价不同企业财务状况、经营成果和现金流量及其变化情况,会计信息质量的可比性要求不同企业同一时期发生的相同或者相似的交易或者事项,应当采用规定的会计政策,确保会计信息口径一致,以使不同企业按照一致的确认、计量和报告要求提供有关会计信息。

5. 重要性

要求企业提供的会计信息应当反映与企业财务状况、经营成果和现金流量有关的所有重要交易和事项。

信息是否重要,主要依靠会计人员的职业判断。当某项会计信息被遗漏或者错误地表达时,可能会影响使用者根据财务信息所采取的经济决策,则该信息就具有重要性。对于重要的会计信息就需要严格按照会计原则和会计程序单独、详细、重点地进行核算和报告。如果某项会计信息不重要，企业可以对不重要的会计事项进行简化核算、合并核算。

6. 谨慎性

要求企业在对交易或者事项进行会计确认、计量和报告时应当保持应有的谨慎，不应当高估资产或者收益、低估负债或者费用。

在市场经济环境下，企业在生产经营过程中存在很多不确定的因素和风险。企业应当充分预计可能发生的负债、费用或损失，尽量少计或不计可能的资产和收益，以免反映的会计信息引起使用者的盲目乐观。企业应当运用谨慎的职业判断和稳妥的会计方法进行会计核算，既不高估资产或者收益，也不低估负债或者费用。

7. 及时性

要求企业对已发生的交易或者事项应当进行及时的确认、计量和报告，不得提前或者延后。

任何信息都有其时效性，而且在某种程度上信息越及时其价值越高。不及时的信息其有用性会大打折扣，甚至毫无用处。所以在会计核算过程中，要及时收集、处理、传递会计信息，以满足会计信息使用者的需要。

8. 实质重于形式

要求企业应当按照交易或者事项的经济实质进行会计确认、计量和报告，而不仅仅以交易或者事项的法律形式为依据。

在会计实务中，交易或事项的法律形式并不总能完全真实地反映其实质内容，所以企业在进行会计核算时，应当以经济实质为依据，而不能仅依据外在的表现形式。例如，以融资租赁方式租入的资产虽然从法律形式来讲企业并不拥有其所有权，但是由于租赁合同中规定的租赁期较长，接近于该资产的使用寿命；并在租赁期内承租企业有权控制该资产并从中受益，因此，从其经济实质来看，以融资租赁方式租入的资产应视为企业的资产。

第二节 财务会计要素及计量

财务会计要素是根据交易或者事项的经济特征所确定的财务会计对象的基本分类。按照我国企业会计准则，会计要素分为资产、负债、所有者权益、收入、费用、利润六大类。这六大要素又可以分为两大类，即通过资产负债表反映的财务状况要素和通过利润表反映的经营成果要素。

一、财务状况要素

财务状况是指企业一定时期的资产及所有者权益情况,是资金运动相对静止状态时的表现,通过资产负债表反映。反映财务状况的报告要素包括资产、负债、所有者权益三项。

(一)资产

1. 概念

资产是指企业过去的交易或者事项形成的,由企业拥有或者控制的,预期会给企业带来经济利益的资源。资产按流动性不同,可分为流动资产、长期股权投资、固定资产、无形资产和其他资产。

2. 特征

(1)资产预期会给企业带来经济利益。这是指资产具有直接或间接导致现金和现金等价物流入企业的潜力。资产之所以称为资产,就在于其能够为企业带来经济利益。如果某项目不能给企业带来经济利益,那么就不能将其确认为企业的资产。前期已经确认为资产的项目,如果现时不能给企业带来经济利益,也不能再确认为企业的资产。

(2)资产应为企业拥有或控制。这是指企业享有某项资源的所有权,或者即使某项资源不为企业所拥有,也应是企业所能控制的。

(3)资产是由企业过去的交易或事项形成的。过去的交易或者事项包括购买、生产、建造和其他交易或者事项,只有过去的交易或者事项才能产生资产,企业预期在未来发生的交易或者事项不形成资产。

3. 资产的确认条件

(1)与该资产有关的经济利益很可能流入企业。

(2)该资产的成本能够可靠地计量。

4. 资产的分类

资产按其流动性不同,可分为流动资产和非流动资产。

流动资产是指预计在一个正常营业周期中变现、出售或者耗用,主要为交易目的而持有,预计在资产负债表日起一年内(含一年)变现的资产,以及自资产负债表日起一年内交换其他资产或清偿负债的,能够不受限制的现金或现金等价物。流动资产主要包括货币资金、交易性金融资产、应收票据、应收账款、预付款项、应收利息、应收股利、其他应收款和存货等。

非流动资产是指流动资产以外的资产,主要包括长期股权投资、固定资产、在建工程、工程物资、无形资产和开发支出等。

（二）负债

1. 概念

负债是指企业过去的交易或者事项形成的，预期会导致经济利益流出企业的现时义务。

现时义务是指企业在现行条件下已承担的义务。未来发生的交易或者事项形成的义务，不属于现时义务，不应当确认为负债。

2. 特征

（1）负债是企业承担的现时义务。现时义务可以是法定义务，也可以是推定义务。法定义务是指具有约束力的合同或者法律、法规规定的义务，通常在法律意义上需要强制执行；推定义务是指企业根据多年来的习惯做法、公开的承诺或者宣布的政策而导致企业将承担的责任，这些责任也使有关各方形成了企业将履行义务解除责任的合理预期。

（2）负债预期会导致经济利益流出企业。预期会导致经济利益流出企业是负债的一个本质特征，企业在将来以转移资产、提供劳务或负债转为资本等形式清偿负债时，会引起未来的经济利益流出企业。例如，甲企业开出50万元的转账支票用来支付未付材料款时，导致经济利益流出企业。

（3）负债是过去的交易或事项形成的。只有过去的交易或者事项才能形成负债，企业不能根据预期在未来发生的交易或者事项形成负债。例如，企业经过商讨，制定了将于明年购入某设备时从银行贷款10万元的计划，该计划就不属于过去的交易或者事项，不能形成企业的负债。

3. 负债的确认条件

（1）与该义务有关的经济利益很可能流出企业。

（2）未来流出的经济利益的金额能够可靠计量。

4. 负债的分类

负债按其流动性不同，可分为流动负债和非流动负债。

流动负债是指预计在一个正常营业周期中清偿或者主要为交易目的而持有的，自资产负债表日起一年内（含一年）到期应予以清偿，企业无权自主地将清偿推迟至资产负债表日后一年以上的负债。流动负债主要包括短期借款、应付票据、应付账款、预收款项、应付职工薪酬、应交税费、应付利息、应付股利和其他应付款等。

非流动负债是指偿还期在一年或超过一年的一个营业期以上的负债，主要包括长期借款、应付债券和长期应付款等。

（三）所有者权益

所有者权益是指企业资产扣除负债后由所有者享有的剩余权益。公司的所有者权益又称为股东权益。所有者权益的来源有所有者投入的资本、直接计入所有者权益的利得和损失、留存收益等。

所有者投入的资本是所有者投入企业的部分，包括企业注册资本或股本部分的金额，也包括投入资本超过注册资本或股本部分的金额，即股本溢价或资本溢价。

直接计入所有者权益的利得和损失，是指不应计入当期损益或者会导致所有者权益发生增减变动的与所有者投入资本或者向所有者分配利润无关的利得或者损失。利得是指由企业非日常活动所形成的，会导致所有者权益增加，与所有者投入资本无关的经济利益的流入。损失是指由企业非日常活动所发生的，会导致所有者权益减少或与所有者分配利润无关的经济利益的流出。

所有者权益可分为实收资本、资本公积、盈余公积和未分配利润等。

所有者权益主要依赖其他会计要素的确认而确定，金额的确定也主要取决于资产和负债的计量。

反映财务状况的三个要素之间的关系形成了基本的会计等式：

$$资产 = 负债 + 所有者权益$$

这一等式是复式记账、会计核算和编制资产负债表的理论依据。

二、经营成果要素

企业经营成果是指企业在一定时期内从事生产经营活动所取得的最终成果，是资金运动显著变动状态的主要体现，通过利润表反映。反映经营成果的财务报告要素包括收入、费用和利润三项。

（一）收入

1. 概念

收入是指企业在日常活动中形成的，会导致所有者权益增加或与所有者投入资本无关的经济利益的总流入。包括销售商品的收入、提供劳务的收入和让渡资产使用权的收入等。

2. 特征

（1）收入是日常活动中形成的。日常活动是指企业为完成其经营目标所从事的经常性活动及与之相关的活动。例如，企业销售商品和制造产品，均属于企业的日常活动。非日常活动所形成的经济利益的流入不能确认为收入，应当计入利得。

（2）收入会导致所有者权益的增加。企业取得收入可能表现为资产的增加或负债的减少，根据会计等式，收入最终会导致所有者权益的增加。

（3）收入是与所有者投入资本无关的经济利益的总流入。所有者投入资本也会使企业经济利益流入，但不属于收入的范畴。

3. 收入的确认条件

（1）与收入相关的经济利益很可能流入企业。

（2）经济利益流入企业的结果会导致资产的增加或负债的减少。

（3）经济利益的流入金额能够被可靠地计量。

（二）费用

1. 概念

费用是指企业在日常活动中发生的，会导致所有者权益减少或与向所有者分配利润无关的经济利益的总流出。例如，主营业务成本、其他业务成本、营业税金及附加、管理费用、财务费用、销售费用和所得税费用等。

2. 特征

（1）费用是日常活动中形成的。日常活动的界定与收入中涉及的日常活动的界定是一致的。非日常活动所形成的经济利益的流出不能确认为费用，而应当计入损失。

（2）费用会导致所有者权益的减少。企业发生的费用可能表现为资产的减少或负债的增加，根据会计等式，费用最终会导致所有者权益的减少或负债的增加。

（3）收入是与向所有者分配利润无关的经济利益的总流出。企业向所有者分配利润虽然也会导致经济利益的流出，但该经济利益的流出属于投资者投资回报的分配，将直接减少所有者权益，所以不应确认为费用。

3. 费用的确认条件

（1）与费用相关的经济利益很可能流出企业。

（2）经济利益流出企业的结果会导致资产的减少或负债的增加。

（3）经济利益的流出金额能够可靠地计量。

（三）利润

利润是指企业在一定会计期间的经营成果，利润包括收入减去费用后的净额，直接计入当期利润的利得和损失。

利润一部分为营业收入减去营业成本、营业税金、管理费用、销售费用、财务费用，另一部分为直接计入当期利润的利得和损失。

利润的确认主要依赖于收入和费用以及利得和损失的确认，其金额的确定也主要取决于收入、费用、利得、损失金额的计量。

反映经营成果的三个要素之间的关系等式：

$$收入-费用=利润$$

这一等式也是编制利润表的理论依据。

三、会计要素计量的属性

企业将符合确认条件的会计要素登记入账并列报于财务报表时,应当按照规定的会计计量属性进行计量,确定其金额。

会计要素计量属性是指会计要素金额的确定基础,主要包括历史成本、重置成本、可变现净值、现值和公允价值等。

(一)历史成本

在历史成本计量的条件下,资产按照购置时支付的现金或者现金等价物的金额,或者按照购置资产时所付出的等价物的公允价值计量。负债按照因承担现时义务而实际收到的款项或者资产的金额,或者承担现时义务的合同金额,或者按照日常活动中为偿还负债预期需要支付的现金或者现金等价物的金额计量。

(二)重置成本

在重置成本计量的条件下,资产按照现在购买相同或者相似资产所需支付的现金或者现金等价物的金额计量。负债按照现在偿付该项债务所需支付的现金或者现金等价物的金额计量。

(三)可变现净值

在可变现净值计量的条件下,资产按照其正常对外销售所能收到现金或者现金等价物的金额扣减该资产至完工时估计将要发生的成本、估计的销售费用以及相关税费的金额计量。

(四)现值

在现值计量的条件下,资产按照预计从其持续使用和最终处置中所产生的未来净现金流入量的折现金额计量。负债按照预计期限内需要偿还的未来净现金流出量的折现金额计量。

(五)公允价值

在公允价值计量的条件下,资产和负债按照在企业的交易中,熟悉情况的交易双方自愿进行资产交换或者债务清偿的金额计量。

企业在对会计要素进行计量时,一般应当采用历史成本计量,采用重置成本、可变现净值、现值、公允价值计量的,应当保证所确定的会计要素金额能够取得并可靠地计量。

四、会计基础

会计基础有权责发生制和收付实现制两种

我国企业会计的确认、计量和报告应当以权责发生制为基础。

权责发生制基础要求，凡是当期已经实现的收入和已经发生或应当负担的费用，无论款项是否收付，都应当作为当期的收入和费用，计入利润表；凡是不属于当期的收入和费用，即使款项已在当期收付，也不应当作为当期的收入和费用。

收付实现制是与权责发生制相对应的一种会计基础，它是以收到或者支付的现金作为确认收入和费用的依据。目前，我国的行政事业单位会计采用收付实现制，事业单位会计除经营业务可以采用权责发生制外，其他大部分业务采用收付实现制。

第三节　财务会计岗位

一、财务会计工作岗位的设置

会计工作作为企业信息管理系统的一个重要组成部分，其自身也是一个完整的信息管理子系统，相应地形成了一个财务会计工作的岗位群。

表 1-1　会计岗位系统

会计岗位系统	会计岗位名称
资金管理系统	资金核算岗位
	往来结算岗位
	工资核算岗位
	出纳岗位
资产管理系统	存货核算岗位
	固定资产核算岗位
转账管理系统	成本会计岗位
	税务会计岗位
	财务成果核算岗位
管理控制系统	会计主管岗位
	稽核岗位
	总账报表岗位
	预算管理岗位
	会计电算化管理岗位
	档案管理岗位

《会计基础工作规范》中规定：会计工作岗位，可以一人一岗、一人多岗或者一岗多人；但出纳人员不得兼管稽核、会计档案保管和收入、费用、债权债务账目的登记工作企业应当依据法规，从本单位的会计业务量和会计人员配备的实际情况出发，按照效益和精简的原则进行会计岗位的设置。

二、财务会计工作岗位的职责

不同的财务会计工作岗位职责的确定要在遵守国家法规制度的前提下，结合企业自身的业务和管理特点来确定。

（一）会计主管岗位的职责

（1）具体领导单位财务会计工作。
（2）组织制定、贯彻执行本单位的财务会计制度。
（3）组织编制本单位的各项财务成本计划。
（4）组织开展财务成本分析。
（5）审查或参与拟定经济合同、协议及其他经济文件。
（6）参加生产经营管理会议，参与经营决策。
（7）负责向本单位领导、职工代表大会报告财务状况和经营成果。
（8）审查对外报送的财务会计报告。
（9）负责组织会计人员的政治理论、业务技术的学习和考核，参与会计人员的任免和调动。

（二）出纳岗位的职责

（1）办理现金收付和结算业务。
（2）登记现金和银行存款日记账。
（3）保管库存现金和各种有价证券。
（4）保管有关印章、空白收据和空白支票。

（三）固定资产核算岗位的职责

（1）会同有关部门拟定固定资产的核算与管理办法。
（2）参与编制固定资产更新改造和大修理计划。
（3）负责固定资产的明细核算和有关报表的编制。
（4）计算提取固定资产折旧和大修理资金。
（5）参与固定资产的清查盘点。

（四）材料物资核算岗位的职责

（1）会同有关部门拟定材料物资的核算与管理办法。

（2）审查汇编材料物资的采购资金计划。

（3）负责材料物资的明细核算。

（4）会同有关部门编制材料物资计划成本目录。

（5）配合有关部门制定材料物资消耗定额。

（6）参与材料物资的清查盘点。

（五）库存商品核算岗位的职责

（1）负责库存商品的明细分类核算。

（2）会同有关部门编制库存商品计划成本目录。

（3）配合有关部门制定库存商品的最低、最高限额。

（4）参与库存商品的清查盘点。

（六）工资核算岗位的职责

（1）监督工资基金的使用。

（2）审核发放工资、奖金。

（3）负责工资的明细核算。

（4）负责工资分配的核算。

（5）计提应付福利费和工会经费等费用。

（七）成本核算岗位的职责

（1）拟定成本核算办法。

（2）制定成本费用计划。

（3）负责成本管理基础工作。

（4）核算产品成本和期间费用。

（5）编制成本费用报表并进行分析。

（6）协助管理在产品和自制半成品。

（八）收入、利润及利润分配核算岗位的职责

（1）负责编制收入、利润计划。

（2）办理销售款项结算业务。

（3）负责收入和利润的明细核算。

（4）负责利润分配的明细核算。

（5）编制收入和利润报表。

（6）协助有关部门对产成品进行清查盘点。

（九）资金核算岗位的职责

（1）拟定资金管理和核算办法。

（2）编制资金收支计划。
（3）负责资金调度。
（4）负责资金筹集的明细分类核算。
（5）负责企业各项投资的明细分类核算。

（十）往来结算岗位的职责

（1）建立往来款项结算手续制度。
（2）办理往来款项的结算业务。
（3）负责往来款项结算的明细核算。

（十一）总账报表岗位的职责

（1）负责登记总账。
（2）负责编制资产负债表、利润表、现金流量表等有关财务会计报表。
（3）负责管理会计凭证和财务会计报表。

（十二）稽核岗位的职责

（1）审查财务成本计划。
（2）审查各项财务收支。
（3）复核会计凭证和财务会计报表

（十三）税务会计岗位的职责

（1）办理公司税务上的缴纳、查对、复核等事项。
（2）办理有关的免税申请及退税冲账等事项。
（3）办理税务登记及变更等有关事项。
（4）编制有关的税务报表及相关分析报告。
（5）办理其他与税务有关的事项。

第四节　企业会计准则

　　企业会计准则是在《会计法》和会计理论指导下，由财政部制定的企业会计标准，是企业会计工作的规范，是企业处理会计实务、评价会计工作质量的准绳。

　　《企业会计准则》于2006年2月15日财政部发布，自2007年1月1日起首先在上市公司范围内施行，之后逐步扩大到几乎所有大中型企业。2014年，财政部相继对部分企业会计准则进行了修订，并新发布了三项具体准则，自2014年7月1日起开始实施。我国现行企业会计准则体系由基本准则、具体准则、应用指南和解释组成。

一、基本准则

以基本准则为主导，对企业财务会计的一般要求和主要方面做出原则性的规定，为制定具体准则和会计制度提供依据。

基本准则包括总则、会计信息质量要求、财务会计报表要素、会计计量、财务会计报告等十一章内容。

二、具体准则

具体准则是在基本准则的指导下，处理会计具体业务标准的规范。其具体内容可分为一般业务准则、特殊行业和特殊业务准则、财务报告准则三大类，一般业务准则是规范普遍适用的一般经济业务的确认、计量要求。例如，存货、固定资产、无形资产、职工薪酬所得税等。特殊行业和特殊业务准则是对特殊行业的特定业务的会计问题做出的处理规范。

例如，生物资产、金融资产转移、套期保值、原保险合同、合并会计报表等。财务会计报告准则主要是规范各类企业通用的报告类准则。例如，财务报表列报、现金流量表、合并财务报表、中期财务报告、分部报告等。我国目前共发布了四十一个具体准则。

三、应用指南

应用指南是指对具体准则相关条款的细化和有关重点难点问题提供的操作性指南，以利于会计准则的贯彻落实和指导实务操作。

四、解释

解释是指对具体准则实施过程中出现的问题、具体准则条款规定不清楚或者尚未规定的问题做出的补充说明。

2011年10月18日，财政部又发布了《小企业会计准则》，适用于在中华人民共和国境内依法设立的、符合《中小企业划型标准规定》所规定的小型企业标准的企业。《小企业会计准则》规范了适用于小企业的资产、负债、所有者权益、收入、费用、利润及利润分配、外币业务财务报表等会计处理及其报表列报等问题，自2013年1月1日起在所有适用的小企业范围内施行。《小企业会计准则》的发布与实施，标志着我国涵盖所有企业的会计准则体系的建成。

第二章 资 产

第一节 货币资金

在流动资产中，货币资金的流动性最强，并且是唯一能够直接转化为其他任何资产形态的流动性资产，也是唯一能代表企业现实购买力水平的资产。为了确保生产经营活动的正常进行，企业必须拥有一定数量的货币资金，以便购买材料、交纳税金、发放工资、支付利息及股利或进行投资等。企业所拥有的货币资金量是分析判断企业偿债能力与支付能力的重要指标。

一、库存现金

（一）库存现金的管理

库存现金是指企业持有可随时用于支付的现金。存放在企业财会部门由出纳人员保管的现金，包括人民币现金和外币现金，主要反映在企业存放在保险箱中的现金。

库存现金是流动性最强的一种货币性资产，企业通常将其划分为流动资产。广义的现金包括库存现金、可支配的银行存款、银行本票等可流通的票据。本书所指的现金是狭义的现金，仅指个业内部的库存现金，包括人民币和外币。

1. 现金的使用范围

企业收支的各种款项必须按照国务院颁布的《现金管理暂行条例》的规定办理。现金的使用范围是：

①职工工资、津贴。
②个人劳务报酬。
③根据国家规定颁发给个人的科学技术、文化艺术、体育等各种奖金。
④各种劳保、福利费用以及国家规定的对个人的其他支出。
⑤向个人收购农副产品和其他物资的价款。
⑥出差人员必须随身携带的差旅费。
⑦结算起点以下的零星支出（结算起点定为1000元。结算起点的调整，由中国人民

银行确定，报国务院备案）。

⑧中国人民银行确定需要支付现金的其他支出。

除第⑤、⑥项外，开户单位支付给个人的款项，超过使用现金限额的部分，应当以支票或者银行本票支付；确需全额支付现金的，经开户银行审核后，予以支付现金。

2. 库存现金的限额

库存现金限额是指为保证各单位日常零星支付按规定允许留存的现金的最高数额。库存现金的限额，由开户行根据开户单位的实际需要和距离银行远近等情况核定。其限额一般按照单位3~5天日常零星开支所需现金确定。远离银行机构或交通不便的单位可依据实际情况适当放宽，但最高不得超15天。

一个单位在几家银行开户的，由一家开户银行核定开户单位库存现金限额。

凡在银行开户的独立核算单位都要核定库存现金限额；独立核算的附属单位，由于没有在银行开户，但需要保留现金，也要核定库存现金限额，其限额可包括在其上级单位库存限额内；商业企业的零售门市部需要保留找零备用金，其限额可根据业务经营需要核定，但不包括在单位库存现金限额之内。

库存现余限额的计算方式一般是：

库存现金＝前一个月的平均每天支付的数额（不含每月平均工资数额）× 限定天数

3. 现金日常收支的内部控制

（1）会计、出纳要分开。为了保证现金的安全，防止各种错误、弊病的发生，会计应管账不管钱，出纳应管钱不管账，以加强内部控制。

（2）现金收支业务必须根据合法凭证办理。办理任何现金收支，都必须以合法的原始凭证为根据。出纳员付出现金后，应当在原始单据上加盖"现金付讫"戳记，并在当天入账，不准以借据抵现金入账。收到现金后，属于各项收入的现金，应分别开给对方合法收款凭据。

（3）严格遵守库存现金限额。为了方便零星现金开支的需要，应经过负责人审批、核定库存现金限额，原则上以3~5天的日常开支量为准，超过限额的及时送存银行。

（4）不坐支现金。所谓坐支，是指用收入的现金直接办理现金支出。本单位支出现金，应从库存现金限额中支取，或者从银行提取，不得从本单位的现金收入中直接支付。

（5）如实反映现金库存。

（二）现金的核算

库存现金的核算，还应包括它的总分类核算和明细分类核算。

1. 总分类核算

库存现金的总分类核算是通过设置"库存现金"账户进行的。"库存现金"账户是资产类账户，借方反映库存现金的收入，贷方反映库存现金的支出，余额在借方，表示库存现金的余额。

2. 明细分类核算

明细分类核算是通过设置现金日记账进行的。现金日记账是反映和监督现金收支结存的序时账,必须采用订本式账簿,并为每一账页顺序编号,防止账页丢失或随意抽换,也便于查阅。现金日记账一般采取收、付、存三栏式格式,由出纳人员根据审核后的原始凭证或现金收款凭证、付款凭证逐日逐笔序时登记;对于从银行提取现金的业务,一般编制银行存款的付款凭证,并据以登记现金日记账。每日终了应计算本日现金收入、支出的合计数和结存数,并同实存现金进行核对,做到日清月结,保证账款相符。不准挪用公款,也不准用"白条"抵充现金库存。

所有的收付款凭证应由出纳人员送交会计人员,作为登记总分类账和有关明细分类账的依据。总分类账户中现金账户余额应与现金日记账的余额相等。

(三)现金清查的核算

库存现金由出纳员每天清点核对,企业的稽核人员应该定期或不定期地核查。在清查前,出纳员应将现金收付款凭证全部登记入账。清查时,采用实地盘点法,出纳员必须在场,以明确经济责任。在清查的过程中,应注意企业是否遵守现金管理相关法规。清查后中若发现以下两种账实不符的情况,必须查明原因,进行账务处理。

1. 现金短缺

借:待处理财产损溢——待处理流动资产损溢

贷:库存现金

借:其他应收款——××

贷:待处理财产损溢——待处理流动资产损溢

无法查明原因

借:管理费用

贷:待处理财产损溢——待处理流动资产损溢

2. 现金溢余

借:库存现金

贷:待处理财产损溢——待处理流动资产损溢

借:待处理财产损溢——待处理流动资产损溢

贷:其他应付款

无法查明原因

借:待处理财产损溢——待处理流动资产损溢

贷:营业外收入

3. 备用金

企业的现款，除了由财会部门集中保管库存现金以外，为了方便企业采购人员、办公室人员等日常零星开支的需要，减少审批、领用、报销等的工作量，按照重要性原则，常提取一笔固定金额的零用现金，交专人保管，以备日常零星开支之用，这部分现金通常称为备用金。备用金可以分为定额备用金和非定额备用金两种。

（1）定额备用金

定额备用金是指单位经常使用备用金的内部各部门或工作人员用作零星开支、零星采购、售货找零或差旅费等的开支，实际需要核定一个现金数额，并保证其经常保持核定的数额。实行定额备用金制度，使用定额备用金的部门或工作人员应该按核定的定额填写借款凭证，一次性领出全部定额，使用后凭发票等有关凭证报销，出纳人员将报销金额补充原定额，从而保证该部门或工作人员经常保持核定的现金定额。只有等到期终、撤销定额备用金或调换经办人时才全部交回备用金。

领出备用金时：

借：其他应收款

贷：库存现金

用后凭发票等有关凭证报销：

借：管理费用

贷：库存现金

然后出纳员将报销金额补充原定额，从而保证该部门或工作人员经常保持核定的现金定额。只有等到撤销定额备用金或调换经办人时，才全部交回备用金，此时作分录。

借：库存现金

贷：其他应收款

（2）非定额备用金

是指单位对非经常使用的备用金的内部各部门或工作人员，根据每次业务所需备用金的数额填制借款凭证，向出纳人员预借现金，使用后凭发票等原始凭证一次性到财务部门报销，多退少补，一次结清，下次再用时重新办理借款手续。与定额备用金的性质、用途、手续等都不相同。

借款时：

借：其他应收款

贷：库存现金

报销时：

借：管理费用等

贷：其他应收款差额计入库存现金

二、银行存款

（一）银行存款的管理

银行存款是指企业存放在银行的货币资金。按照国家现金管理和结算制度的规定，每个企业都要在银行开立账户，称为结算户存款，用来办理存款、取款和转账结算。

1. 银行结算账户

银行结算账户是指存款人在经办银行开立的办理资金收付结算的人民币活期存款账户。企业在银行开立的银行结算账户分为基本存款账户、一般存款账、临时存款账户和专用存款账户四种。

基本存款账户是企业办理日常转账结算和现金收付的银行结算账户。企业日常经营活动的资金收付以及工资、奖金等现金的支取，只能通过基本存款账户办理。企业只能开立一个基本存款账户，不能在多家银行机构开立基本存款账户。

一般存款账户是企业在基本存款账户以外办理银行借款转存以及与基本存款账户的企业不在同一地点的附属非独立核算单位的银行结算账户。开立基本存款账户的存款人都可以开立一般存款账户，且没有数量限制。该账户可以办理转账结算和现金交存，但不得办理现金支取。

临时存款账户是企业因临时经营活动需要并在规定期限内使用而开立的银行结算账户。企业可以通过该账户办理转账结算和根据国家现金管理的规定办理现金收付。临时存款账户的有效期最长不得超过2年。

专用存款账户是企业按照法律、行政法规和规章，对其特定用途资金进行专项管理和使用而开立的银行结算账户。

2. 银行结算纪律

企业通过银行办理支付结算时，应当认真执行国家各项管理办法和结算制度。不准签发没有资金保证的票据和远期支票，套取银行信用；不准签发、取得和转让没有真实交易和债权债务的票据，套取银行和他人资金；不准无理拒绝付款，任意占用他人资金；不准违反规定开立和使用账户；不准利用多头开户转移资金、逃避债务。

3. 银行存款的清查

出纳根据收付款凭证，按照业务的发生顺序逐笔登记银行存款日记账，每日终了结出余额。企业应当指定专人定期核对银行账户，每月至少一次。若确实是企业或银行一方或双方记录错误，应核对原始凭证，予以更正；若存在未达账项，即企业与银行一方已经入账，而另一方由于未收到结算凭证尚未入账，导致企业银行存款账面余额与银行对账单余额之间有差额，企业应编制银行存款余额调节表调节相符。

（二）银行支付结算方式

根据中国人民银行有关支付结算办法规定，目前企业发生的货币资金收付业务可采用以下几种结算方式，通过银行办理转账结算。

1. 银行汇票

银行汇票是汇款人将款项交存当地出票银行，由出票银行签发的，由其在见票时，按照实际结算金额无条件支付给收款人或持票的票据。

其具有以下特点：

①适用范围广。银行汇票是目前异地结算中较为广泛采用的一种结算方式。这种结算方式不仅适用于在银行开户的单位、个体经济户和个人，而且适用于未在银行开立账户的个体经济户和个人。凡是各单位、个体经济户和个人需要在异地进行商品交易、劳务供应和其他经济活动及债权债务的结算，都可以使用银行汇票。银行汇票既可以用于转账结算，也可以支取现金。

②票随人走，钱货两清。实行银行汇票结算，购货单位交款，银行开票，票随人走；购货单位购货给票，销售单位验票发货，一手交票，一手交货；银行见票付款。这样可以减少结算环节，缩短结算资金在途时间，方便购销活动。

③信用度高，安全可靠。银行汇票是银行在收到汇款人款项后签发的支付凭证，因而具有较高的信誉，银行保证支付。收款人持有票据，可以安全及时地到银行支取款项。而且，银行内部有一套严密的处理程序和防范措施，只要汇款人和银行认真按照汇票结算的规定办理，汇款就能保证安全。一旦汇票丢失，如果确属现金汇票，汇款人可以向银行办理挂失，填明收款单位和个人，银行可以协助防止款项被他人冒领。

④使用灵活，适应性强。实行银行汇票结算，持票人可以将汇票背书转让给销货单位，也可以通过银行办理分次支取或转让，另外还可以使用信汇、电汇或重新办理汇票转汇款项，因而有利于购货单位在市场上灵活地采购物资。

⑤结算准确，余款自动退回。一般来讲，购货单位很难准确地一次性确定具体的购货金额，因而出现汇多用少的情况是不可避免的。在有些情况下，多余款项往往长时间得不到清算从而给购货单位带来不便和损失。而使用银行汇票结算则不会出现这种情况。持银行汇票购货，凡在汇票汇款金额之内的，可根据实际采购金额办理支付，多余款项将由银行自动退回，这样可以有效地防止交易尾欠的发生。

⑥银行汇票一律记名。银行汇票的汇票金额起点为500元，付款期为1个月。若遗失，在付款期后1个月查实确无冒领时，可以办理退汇手续。银行汇票还可以一次背书转让。

2. 银行本票

银行本票是申请人将款项交存银行，由银行签发的，承诺自己在见票时无条件支付确定的金额给收款人或者持票人的票据（如下图所示）。银行本票按照其金额是否固定可分为不定额和定额两种。不定额的起点金额为 100 元；定额的面额为 1000 元，5000 元，10000 元和 5000 元。

其具有以下特点：

①银行本票见票即付，当场抵用，付款保证程度高。

②银行本票一律记名，可以背书转让，付款期限为 2 个月。

③逾期的银行本票可以向签发银行办理退款，但不能办理挂失。

④银行本票可以用于转账。填明"现金"字样的银行本票，也可以用于支取现金。现金银行本票的申请人和收款人均为个人。

3. 商业汇票

商业汇票是由出票人签发的，委托付款人在指定日期无条件支付确定的金额给收款人或者持票人的票据。按其承兑人的不同，分为商业承兑汇票和银行承兑汇票。商业承兑汇票由银行以外的付款人承兑，银行承兑汇票由承兑申请人提出申请，经银行审查同意承兑。商业汇票的付款人为承兑人。

（1）商业承兑汇票

按交易双方的约定，由收款人签发交付款人承兑，或由付款人签发并承兑的票据。

商业承兑汇票的付款期限，最长不超过 6 个月。商业承兑汇票的提示付款期限，自汇票到期日起 10 天。商业兑汇票可以背书转让。商业兑汇票的持票人需要资金时，可持未到期的商业承兑汇票向银行申请贴现，适用于同城或异地结算。

（2）银行承兑汇票

是由在承兑银行开立存款账户的存款人出票，向开户银行申请并经银行审查同意承兑的，保证在指定日期无条件支付确定的金额给收款人或持票人的票据（如下图所示）。对出票人签发的商业汇票进行承兑是银行基于对出票人资信的认可而给予的信用支持。我国的银行承兑汇票每张票面金额最高为 1000 万元（实务中遇到过票面金额为 1 亿元的）。银行承兑汇票按票面金额向承兑申请人收取万分之五的手续费，不足 10 元的按 10 元计。承兑期限最长不超过 6 个月。承兑申请人在银行承兑汇票到期未付款的，按规定计收过期罚息。

其具有以下特点：

第一，信用好，承兑性强。银行承兑汇票经银行承兑到期无条件付款，这就把企业之间的商业信用转化为银行信用。对企业来说，收到银行承兑汇票，就如同收到了现金。

第二，流通性强，灵活性高。银行承兑汇票可以背书转让，也可以申请贴现，不会占压企业的资金。

第三，节约资金成本。对于实力较强，银行比较信得过的企业，只需交纳规定的保证金，就能申请开立银行承兑汇票，用以进行正常的购销业务，待付款日期临近时再将资金交付给银行。由于银行承兑汇票具有上述优点，因而受到企业的欢迎。

4. 支票

支票是出票人签发的，委托办理存款业务的银行在见票时无条件支付确定的金额给收款人或持票人的票据，按结算方式分为现金支票、转账支票及普通支票。现金支票只能用于支取现金；转账支票只能用于转账；普通支票者二者均可。

支票具有以下特点：

①使用方便，手续简便、灵活；

②支票一律记名，起点金额为 100 元，提示付款期限自出票日起 10 天；

③支票可以背书转让，但用于支取现金的支票不得背书转让。

5. 汇兑

汇兑是汇款人委托银行将其款项支付给收款人的结算方式。汇兑分为信汇和电汇两种。信汇是汇款人向银行提出申请，同时交存一定金额及手续费，汇出行将信汇委托书以邮寄方式寄给汇入行，授权汇入行向收款人支付一定金额的一种汇兑结算方式。电汇是汇款人将一定款项交存汇款银行，汇款银行通过电报或电传给目的地的分行或代理行（汇入行），指示汇入行向收款人支付一定金额的一种汇款方式。

汇兑具有以下特点：

①汇兑结算，无论是信汇还是电汇，都没有金额起点的限制，不管款多款少都可使用。

②汇兑结算属于汇款人向异地主动付款的一种结算方式。它对于异地上下级单位之间的资金调剂、清理旧欠以及往来款项的结算等都十分方便。汇兑结算方式还广泛地用于先汇款后发货的交易结算方式。如果销货单位对购货单位的资信情况缺乏了解或者商品较为紧俏的情况下，可以让购货单位先汇款，等收到货款后再发货，以免收不回货款。当然购货单位采用先汇款后发货的交易方式时，应详尽了解销货单位资信情况和供货能力，以免盲目地将款项汇出却收不到货物。如果对销货单位的资信情况和供货能力缺乏了解，可将款项汇到采购地，在采购地开立临时存款账户，派人监督支付。

③汇兑结算方式除了适用于单位之间的款项划拨外，也可用于单位对异地的个人支付有关款项，如退休工资、医药费、各种劳务费、稿酬等，还可适用个人对异地单位所支付的有关款项，如邮购商品、书刊等。

④汇兑结算手续简便易行，单位或个人均很容易办理。

6. 委托收款

委托收款是收款人委托银行向付款人收取款项的结算方式。委托收款分邮寄和电报划回两种，由收款人任选。前者是以邮寄方式由付款人开户银行向收款人开户银行转送委托收款凭证、提供收款依据的方式，后者则是以电报方式由付款人开户银行向收款人开户银行转送委托收款凭证，提供收款依据的方式。

7. 托收承付

托收承付是指根据购销合同,由收款人发货后委托银行向异地付款人收取款项,由付款单位向银行承诺付款的结算方式。

该结算办法的最大特点是其适用范围受到严格的限制:

(1) 结算起点上

《支付结算办法》规定,托收承付结算每笔的金额起点为1万元。

(2) 结算适用范围上

《支付结算办法》规定,托收承付的适用范围是:使用该结算方式的收款单位和付款单位,必须是国有企业或供销合作社以及经营较好,并经开户银行审查同意的城乡集体所有制工业企业;办理结算的款项必须是商品交易以及因商品交易而产生的劳务供应款项。代销、寄销、赊销商品款项,不得办理托收承付结算。

(3) 结算适用条件上

《支付结算办法》规定,办理托收承付,除符合以上2个条件外,还必须具备以下三个前提条件:①收付双方使用托收承付结算,必须签署符合《经济合同法》的购销合同,并在合同中注明使用异地托收承付结算方式。②收款人办理托收,必须具有商品确已发运的凭证。③收付双方办理托收承付结算,必须重合同、守信誉。根据《支付结算办法》规定,若收款人对同一付款人发货托收累计三次收不回货款的,收款人开户银行应暂停收款人向付款人办理托收业务;付款人累计三次提出无理拒付的,付款人开户银行应暂停其向外办理托收业务。

8. 信用卡

信用卡是指商业银行向个人和单位发行的,凭其向特约单位购物、消费和银行存取现金,具有消费信用的特制载体卡片。

信用卡具有以下特点:①按信誉等级分为金卡和普通卡。②按使用对象分为单位卡和个人卡,单位卡账户的资金一律从其基本存款账户转账存入,不得交存库存现金,不得将其他存款账户和销售收入的款项转入其账户。③使用限额为10万元以下的商品交易和劳务供应的款项。

9. 信用证

信用证是指开证行依据申请人的申请开出的,凭符合信用证条款的单据支付的付款承诺,并明确规定该信用证是不可撤销、不可转让的跟单信用证。主要为办理国际结算,同时不可撤销、不可转让。

第二节　应收及预付款项

应收及预付款项是指企业在日常生产经营过程中发生的各项债权，包括应收款项和预付款项。应收款项包括应收票据、应收账款和其他应收款等；预付款项则是指企业按照合同规定预付的款项，如预付账款等。

一、应收票据

（一）应收票据概述

应收票据是指企业因销售尚品、提供劳务等而收到的商业汇票。商业票是一种由出票人签发的，委托付款人在指定日期无条件支付确定金额给收款人或者持票人的票据。

商业汇票的付款期限，最长不得超过六个月。定日付款的汇票付款期限自出票日起计算，并在汇票上记载具体到期日；出票后定期付款的汇票付款期限自出票日起按月计算，并在汇票上记载；见票后定期付款的汇票付款期限自承兑或拒绝承兑日起按月计算，并在汇票上记载。商业汇票的提示付款期限，自汇票到期日起 10 日。符合条件的商业汇票的持票人，可以持未到期的商业汇票连同贴现凭证向银行申请贴现。

根据承兑人不同，商业汇票分为商业承兑汇票和银行承兑汇票。商业承兑汇票是指由付款人签发并承兑，或由收款人签发交由付款人承兑的汇票。商业承兑汇票的付款人收到开户银行的付款通知，应在当日通知银行付款。付款人在接到通知日的次日起三日内（遇法定休假日顺延）未通知银行付款的，视同付款人承诺付款，银行将于付款人接到通知日的次日起第四日（遇法定休假日顺延）上午开始营业时，将票款划给持票人。付款人提前收到由其承兑的商业汇票，应通知银行于汇票到期日付款。银行在办理划款时，付款人存款账户不足支付的，银行应填制付款人未付票款通知书，连同商业承兑汇票邮寄持票人开户银行转交持票人。

银行兑汇票是指由在承兑银行开立存款账户的存款人（这里也是出票人）签发，由承兑银行承兑的票据。企业申请使用银行承兑汇票时，应向其承兑银行按票面金额的万分之五交纳手续费。银行承兑汇票的出票人应于汇票到期前将票款足额交存其开户银行，承兑银行应在汇票到期日或到期日后的见票当日支付票款。银行承兑汇票的出票人于汇票到期前未能足额交存票款时，承兑银行除凭票向持票人无条件付款外，对出票人尚未支付的汇票金额按照每天万分之五计收利息。

（二）应收票据的核算

为了反映和监督应收票据取得、票款收回等经济业务，企业应当设置"应收票据"科目,借方登记取得的应收票据的面值,贷方登记到期收回票款或到期前向银行贴现的应收票据的票面余额,期末余额在借方,反映企业持有的商业汇票的票面金额。本科目可按照开出、承兑商业汇票的单位进行明细核算,并设置"应收票据备簿",逐笔登记商业汇票的种类、号数和出票日、票面金额、交易合同号和付款人、承兑人、背书人的姓名或单位名称、到期日、背书转让日、贴现日、贴现率和贴现净额以及收款日和收回金额、退票情况等资料。商业汇票到期结清票款或退票后,在备查簿中应予注销。

1. 取得应收票据和收回到期票款

应收票据取得的原因不同,其会计处理亦有所区别。因债务人抵偿前欠货款而取得的应收票据,借记"应收票据"科目,贷记"应收账款"科目;因企业销售商品、提供劳务等而收到开出、承兑的商业汇票,借记"应收票据"科目,贷记"主营业务收入""应交税费——应交增值税(销项税额)"等科目。商业汇票到期收回款项时,应按实际收到的金额,借记"银行存款"科目,贷记"应收票据"科目。

2. 转让应收票据

实务中,企业可以将自己持有的商业汇票背书转让。背书是指在票据背面或者粘单上记载有关事项并签章的票据行为。背书转让的,背书人应当承担票据责任。企业将持有的商业汇票背书转让以取得所需物资时,按应计入取得物资成本的金额,借记"材料采购"或"原材料""库存商品"等科目,按专用发票上注明的可抵扣的增值税额,借记"应交税费——应交增值税(进项税额)"科目,按商业汇票的票面金额,贷记"应收票据"科目,如有差额,借记或贷记"银行存款"等科目。

二、应收账款

应收账款是指企业因销售商品、提供劳务等经营活动,应向购货单位或接受劳务单位收取的款项,主要包括个业销售商品或提供劳务等应向有关债务人收取的价款及代购货单位垫付的包装费、运杂费等。

为了反映和监督应收账款的增减变动及其结存情况,企业应设置"应收账款"科目,不单独设置"预收账款"科目的企业,预收的账款也在"应收账款科目核算。"应收账款"科目的借方登记应收账款的增加,贷方登记应收账款的收回及确认的坏账损失,期末余额一般在借方,反映企业尚未收回的应收账款;如果期末余额在贷方,则反映企业预收的账款。

企业应收账款改用应收票据结算,在收到承兑的商业汇票时,借记"应收票据"科目,贷记"应收账款"科目。

三、预付账款

预付账款是指企业按照合同规定预付的款项。

企业应当设置"预付账款"科目，核算预付账款的增减变动及其结存情况。预付款项情况不多的企业，可以不设置"预付账款"科目，而直接通过"应付账款"科目核算。

企业根据购货合同的规定向供应单位预付款项时，借记"预付账款"科目，贷记"银行存款"科目。企业收到所购物资，按应计入购入物资成本的金额，借记"材料采购"或"原材料""库存商品""应交税费——应交增值税（进项税额）"等科目，贷记"预付账款"科目；当预付货款小于采购货物所需支付的款项时，应将不足部分补付，借记"预付账款"科，贷记"银行存款"科目；当预付货款大于采购货物所需支付的款项时，对收回的多余款项应借记"银行存款"科目，贷记"预付账款"科目。

四、其他应收款

其他应收款是指企业除应收票据、应收账款、预付账款等以外的其他各种应收及暂付款项。其主要内容包括：

（1）应收的各种赔款、罚款，如因企业财产等遭受意外损失而应向有关保险公司收取的赔款等；

（2）应收的出租包装物租金；

（3）应向职工收取的各种垫付款项，如为职工垫付的水电费、应由职工负担的医药费、房租费等；

（4）存出保证金，如租入包装物支付的押金；

（5）其他各种应收、暂付款项。

为了反映和监督其他应收账款的增减变动及其结存情况，企业应当设置"其他应收款"科目进行核算。"其他应收款"科目的借方登记其他应收款的增加，贷方登记其他应收款的收回，期末余额一般在借方，反映企业尚未收回的其他应收款项。

五、应收款项减值

企业应当在资产负债表日对应收款项的账面价值进行检查，有客观证据表明该应收款项发生减值的，应当将该应收款项的账面价值减记至预计未来现金流量现值，减记的金额确认减值损失，计提坏账准备。

企业应当设置"坏账准备"科目，核算应收款项的坏账准备计提、转销等情况。企业当期计提的坏账准备应当计入资产减值损失。"坏账准备"科的贷方登记当期计提的坏账准备金额，借方登记实际发生的坏账损失金额和冲减的坏账准备金额，期末余额一般在贷方，反映企业已计提但尚未转销的坏账准备。

坏账准备可按以下公式计算

当期应计提的坏账准备＝当期按应收款项计算应提坏账准备金－（或＋）"坏账准备"科目的借贷方（或借方）余额

企业计提坏账准备时,按应减记的金额,借记"资产减值损失——计提的坏账准备"科目,贷记"坏账准备"科目。冲减多计提的坏账准备时,借记"坏账准备"科目,贷记"资产减值损失—计提的坏账准备"科目。

企业确实无法收回的应收款项按管理权限报经批准后作为坏账转销时,应当冲减已计提的坏账准备。已确认并转销的应收款项以后又收回的,应当按照实际收到的金额增加坏账准备的账面余额。企业发生坏账损失时,借记"坏账准备"科目,贷记"应收账款""其他应收款"等科目。

已确认并转销的应收款项以后又收回的,应当按照实际收到的金额增加坏账准备的账面余额。已确认并转销的应收款项以后又收回时,借记"应收账款""其他应收款"等科目,贷记"坏账准备"科目;同时,借记"银行存款"科目,贷记"应收账款""其他应收款"等科目。也可以按照实际收回的金额,借记"银行存款"科目,贷记"坏账准备"科目。

第三节 存货

一、存货概述

(一)存货的概念

存货是指企业在日常活动中持有以备出售的产成品或商品、处在生产过程中的在产品、在生产过程或提供劳务过程中耗用的材料或物料等,包括各类材料、在产品、半成品、产成品、商品以及包装物、低值易耗品、委托代销商品等。

(1)原材料。是指企业在生产过程中经加工改变其形态或性质并构成产品主要实体的各种原料及主要材料、辅助材料、燃料、修理用备件(备品备件)、包装材料、外购半成品(外购件)等。

(2)在产品。是指企业正在制造尚未完工的生产物,包括正在各个生产工序加工的产品和已加工完毕但尚未检验或已检验但尚未办理入库手续的产品。

(3)半成品。是指经过一定生产过程并已检验合格交付半成品仓库保管,但尚未制造完工成为产成品,仍需进一步加工的中间产品。

(4)产成品。是指工业企业已经完成全部生产过程并已验收入库,可以按照合同规定的条件送交订货单位,或者可以作为商品对外销售的产品。企业接受来料加工制造的代制品和为外单位加工修理的代修品,制造和修理完成验收入库后,应视同企业的产成品。

(5)商品。是指商品流通企业外购或委托加工完成验收入库用于销售的各种商品。

(6)包装物。是指为了包装本企业的商品而储备的各种包装容器,如桶箱、瓶、坛、袋等。其主要作用是盛装、装潢产品或商品。

（7）低值易耗品。是指不能作为固定资产核算的各种用具物品，如工具、管理用具、玻璃器皿、劳动保护用品，以及在经营过程中周转使用的容器等。其特点是单位价值较低，或使用期限相对于固定资产较短，在使用过程中保持其原有实物形态基本不变。包装物和低值易耗品构成了周转材料。周转材料是指企业能够多次使用，不符合固定资产定义，逐渐转移其价值但仍保持原有形态不确认为固定资产的材料。

（8）委托代销商品是指企业委托其他单位代销的商品。

（二）存货成本的确定

存货应当按照成本进行初始计量。存货成本包括采购成本、加工成本和其他成本。

1. 存货的采购成本

存货的采购成本，包括购买价款、相关税费、运输费、装卸费、保险费以及其他可归属于存货采购成本的费用。

其中，存货的购买价款是指企业购入的材料或商品的发票账单上列明的价款，但不包括按规定可以抵扣的增值税额。

存货的相关税费是指企业购买存货发生的进口税费、消费税、资源税和不能抵扣的增值税进项税额以及相应的教育费附加等应计入存货采购成本的税费。

其他可归属于存货采购成本的费用是指采购成本中除上述各项以外的可归属于存货采购的费用，如在存货采购过程中发生的仓储费、包装费、运输途中的合理损耗，入库前的挑选整理费用等。

商品流通企业在采购商品过程中发生的运输费、装卸费、保险费以及其他可归属于存货采购成本的费用等进货费用，应当计入存货采购成本，也可以先行归集，期末根据所购商品的销售情况进行分摊。对于已售商品的进货费用，计入当期损益；对于未售商品的进货费用，计入期末存货成本。企业采购商品的进货费用金额较小的，可以在发生时直接计入当期损益。

2. 存货的加工成本

存货的加工成本是指在存货的加工过程中发生的追加费用，包括直接人工以及按照一定方法分配的制造费用。

直接人工是指企业在生产产品和提供劳务过程中发生的直接从事产品生产和劳务提供人员的职工薪酬。

制造费用是指企业为生产产品和提供劳务而发生的各项间接费用。

3. 存货的其他成本

存货的其他成本是指除采购成本、加工成本以外的，使存货达到目前场所和状态所发生的其他支出。企业设计产品发生的设计费用通常应计入当期损益，但是为特定客户设计产品所发生的、可直接确定的设计费用应计入存货的成本。

存货的来源不同,其成本的构成内容也不同。原材料、商品、低值易耗品等通过购买而取得的存货的成本由采购成本构成;产成品、在产品、半成品等自制或需委托外单位加工完成的存货的成本由采购成本、加工成本以及使存货达到目前场所和状态所发生的其他支出构成。实务中具体按以下原则确定:

(1)购入的存货,其成本包括:买价、运杂费(包括运输费、装卸费、保险费、包装费、仓储费等)、运输途中的合理损耗、入库前的挑选整理费用(包括挑选整理中发生的工、费支出和挑选整理过程中所发生的数量损耗,并扣除回收的下脚废料价值)以及按规定应计入成本的税费和其他费用。

(2)自制的存货,包括自制原材料、自制包装物、自制低值易耗品、自制半成品及库存商品等,其成本包括直接材料、直接人工和制造费用等的各项实际。

(3)委托外单位加工完成的存货,包括加工后的原材料、包装物、低值易耗品、半成品、产成品等,其成本包括实际耗用的原材料或者半成品、加工费、装卸费、保险费、委托加工的往返运输费等费用以及按规定应计入成本的税费。

但是,下列费用不应计入存货成本,而应在其发生时计入当期损益:

(1)非正常消耗的直接材料、直接人工和制造费用,应在发生时计入当期损益,不应计入存货成本。如由于自然灾害而发生的直接材料、直接人工和制造费用,由于这些费用的发生无助于使该存货达到目前场所和状态,不应计入存货成本,而应确认为当期损益。

(2)仓储费用,指企业在存货采购入库后发生的储存费用,应在发生时计入当期损益。但是,在生产过程中为达到下一个生产阶段所必需的仓储费用应计入存货成本。如某种酒类产品生产企业为使生产的酒达到规定的产品质量标准,而必须发生的仓储费用,应计入酒的成本,而不应计入当期损益。

(3)不能归属于使存货达到目前场所和状态的其他支出,应在发生时计入当期损益,不得计入存货成本。

(三)发出存货的计价方法

日常工作中,企业发出的存货,可以按实际成本核算,也可以按计划成本核算如采用计划成本核算,会计期末应调整为实际成本。

企业应当根据各类存货的实物流转方式、企业管理的要求、存货的性质等实际情况,合理地确定发出存货成本的计算方法,以及当期发出存货的实际成本。对于性质和用途相同的存货,应当采用相同的成本计算方法确定发出存货的成本。在实际成本核算方式下,企业可以采用的发出存货成本的计价方法包括个别计价法、先进先出法、月末一次加权平均法和移动加权平均法等。

(1)个别计价法。亦称个别认定法、具体辨认法、分批实际法,采用这一方法是假设存货具体项目的实物流转与成本流转相一致,按照各种存货逐一辨认各批发出存货和期末存货所属的购进批别或生产批别,分别按其购入或生产时所确定的单位成本计算各批发出存货和期末存货成本的方法。在这种方法下,是把每一种存货的实际成本作为计算发出存货成本和期末存货成本的基础。

个别计价法的成本计算准确,符合实际情况,但在存货收发频繁情况下,其发出成本分辨的工作量较大。因此,这种方法适用于一般不能替代使用的存货、为特定项目专门购入或制造的存货以及提供的劳务,如珠宝、名画等贵重物品。

(2)先进先出法。是指以先购入的存货应先发出(销售或耗用)这样一种存货实物流动假设为前提,对发出存货进行计价的一种方法。采用这种方法,先购入的存货成本在后购入存货成本之前转出,据此确定发出存货和期末存货的成本。具体方法是:收入存货时,逐笔登记收入存货的数量、单价和金额;发出存货时,按照先进先出的原则逐笔登记存货的发出成本和结存金额。

先进先出法可以随时结转存货发出成本,但较烦琐。如果存货收发业务较多且存货单价不稳定时,其工作量较大。在物价持续上升时,期末存货成本接近于市价,而发出成本偏低,会高估企业当期利润和库存存货价值;反之,会低估企业存货价值和当期利润。

(3)月末一次加权平均法。是指以本月全部进货数量加上月初存货数量作为权数,去除本月全部进货成本加上月初存货成本,计算出存货的加权平均单位成本,以此为基础计算本发出存货的成本和期末存货的成本的一种方法。计算公式如下:

存货单位成本=[月初库存货的实际成本+∑(本厂各批进货的实际单位成本 × 本月各批进货的数量)]/(月初库存存货数量+本月各批进化数量之和)

本月发出存货成本=本月发出存货的数量 × 存货单位成本

本月月末库存存货成本=月末库存存货的数量 × 存货单位成本

或本月月末库存存货成本=月初库存货的实际成本+本月收入存货的实际成本—本月发出存货的实际成本

采用加权平均法只在月末一次计算加权平均单价,比较简单,有利于简化成本计算工作,但由于平时无法从账上提供发出和结存存货的单价及金额,因此不利于存货成本的口常管理与控制。

(4)移动加权平均法。是指以每次进货的成本加上原有库存存货的成本,除以每次进货数量加上原有库存存货的数量,据以计算加权平均单位成本,作为在下次进货前计算各次发出存货成本依据的一种方法。计算公式如下:

存货单位成本=(原有库存存货的实际成本+本次进货的实际成本)/(原有库存存货数量+本次进货数量)

本次发出存货的成本=本次发出存货数量 × 本次发货前存货的单位成本

本月月末库存存货成本=月末库存存货的数量 × 本月月末存货单位成本

采用移动平均法能够使企业管理当局及时了解存货的结存情况,计算的平均单位成本以及发出和结存的存货成本比较客观。但由于每次收货都要计算一次平均单价,计算工作量较大,对收发货较频繁的企业不适用。

二、原材料

原材料是指企业在生产过程中经过加工改变其形态或性质并构成产品主要实体的各种原料、主要材料和外购半成品，以及不构成产品实体但有助于产品形成的辅助材料。原材料具体包括原料及主要材料、辅助材料、外购半成品（外购件）、修理用备件（备品备件）、包装材料、燃料等。原材料的日常收发及结存，可以采用实际成本核算，也可以采用计划成本核算。

（一）采用实际成本核算

材料按实际成本计价核算时，材料的收发及结存，无论总分类核算还是明细分类核算，均按照实际成本计价。使用的会计科目有"原材料""在途物资"等，"原材料"科目的借方、贷方及余额均以实际成本计价，不存在成本差异的计算与结转问题。但采用实际成本核算，日常反映不出材料成本是节约还是超支，从而不能反映和考核物资采购业务的经营成果。因此这种方法通常适用于材料收发业务较少的企业。在实务工作中，对于材料收发业务较多并且计划成本资料较为健全、准确的企业，一般可以采用计划成本进行材料收发的核算。

"原材料"科目。本科目用于核算库存各种材料的收发与结存情况。在原材料按实际成本核算时，本科目的借方登记入库材料的实际成本，贷方登记发出材料的实际成本，期末余额在借方，反映企业库存材料的实际成本。

"在途物资"科目。本科目用于核算企业采用实际成本（进价）进行材料商品等物资的日常核算、货款已付尚未验收入库的各种物资（即在途物资）的采购成本，本科目应按供应单位和物资品种进行明细核算。本科目的借方登记企业购入的在途物资的实际成本，贷方登记验收入库的在途物资的实际成本，期末余额在借方，反映企业在途物资的采购成本。

"应付账款"科目。本科目用于核算企业因购买材料、商品和接受劳务等经营活动应支付的款项。本科目的贷方登记企业因购入材料、商品和接受劳务等尚未支付的款项，借方登记偿还的应付账款，期末余额一般在贷方，反映企业尚未支付的应付账款。

"预付账款"科目。本科目用于核算企业按照合同规定预付的款项。本科目的借方登记预付的款项及补付的款项，贷方登记收到所购物资时根据有关发票账单记入"原材料"等科目的金额及收回多付款项的金额，期末余额在借方，反映企业实际预付的款项；期末余额在贷方，则反映企业尚未预付的款项。预付款项情况不多的企业，可以不设置"预付账款"科目，而将此业务在"应付账款"科目中核算。

1. 购入材料

由于支付方式不同，原材料入库的时间与付款的时间可能一致，也可能不致，在会计处理上也有所不同。

（1）货款已经支付或开出、承兑商业汇票，同时材料已验收入库

【例2-1】甲公司购入C材料一批，增值税专用发票上记载的货款为5000元，增值税额85000元，另对方代垫包装费1000元，全部款项已用转账支票付讫，材料已验收入库。

借：原材料——C材料 501000

应交税费——应交增值税（进项税额）85000

贷：银行存款 586000

本例属于发票账单与材料同时到达的采购业务，企业材料已验收入库，因此应通过"原材料"科目核算，对于增值税专用发票上注明的可抵扣的进项税额，应借记"应交税费——应交增值税（进项税额）"科目。

（2）货款已经支付或已开出、承兑商业汇票，材料尚未到达或尚未验收入库

【例2-2】甲公司采用汇兑结算方式购入F材料一批，发票及账单已收到，增值税专用发票上记载的货款为20000元，增值税额3400元。支付保险费1000元，材料尚未到达。

借：在途物资 21000

应交税费——应交增值税（进项税额）3400

贷：银行存款 24400

本例属于已经付款或已开出、承兑商业汇票，但材料尚未到达或尚未验收入库的采购业务，应通过"在途物资"科目核算；待材料到达、入库后，再根据收料单，由"在途物资"科目转入"原材料"科目核算。

（3）货款尚未支付，材料已经验收入库

【例2-3】甲公司采用托收承付结算方式购入C材料一批，增值税专用发票上记载的货款为5000元，增值税额8500元，对方代垫包装费1000元，银行转来的结算凭证已到，款项尚未支付，材料已验收入库。

借：原材料——G材料 51000

应交税费——应交增值税（进项税额）8500

贷：应付账款 59500

在这种情况下，发票账单未到也无法确定实际成本，期末应按照暂估价值先入账，但是，下期初作相反的会计分录予以冲回，收到发票账单后再按照实际金额记账。即，对于材料已到达并已验收入库，但发票账单等结算凭证未到，货款尚未支付的采购业务，应于期末按材料的暂估价值，借记"原材料"科目，贷记"应付账款——暂估应付账款"科目。下期初作相反的会计分录予以冲回，以便下月付款或开出、承兑商业汇票后，按正常程序，借记"原材料""应交税费——应交增值税（进项税额）"科目，贷记"银行存款"或"应付票据"等科目。

（4）货款已经预付，材料尚未验收入库

【例2-4】根据与某钢厂的购销合同规定，甲公司为购买J材料向该钢厂预付100000元货款的80%，计80000元，已通过汇兑方式汇出。

借：预付账款 80000

贷：银行存款 80000

2. 发出材料

企业各生产单位及有关部门领用的材料具有种类多、业务频繁等特点。为了简化核算，可以在月末根据"领料单"或"限额领料单"中有关领料的单位、部门等加以归类，编制"发料凭证汇总表"，据以编制记账凭证、登记入账。发出材料实际成本的确定，可以由企业从上述个别计价法、先进先出法、月末一次加权平均法、移动加权平均法等方法中选择。计价方法一经确定，不得随意变更。如需变更，应在附注中予以说明。

【例 2-5】甲公司根据"发料凭证汇总表"的记录，1 月份基本生产车间领用 K 材料 500000 元，辅助生产车间领用 K 材料 40000 元，车间管理部门领用 K 材料 5000 元，企业行政管理部门领用 K 材料 4000 元，计 549000 元。

借：生产成本——基本生产成本 500000
　　生产成本——辅助生产成本 40000
　　制造费用 5000
　　管理费用 4000
　贷：原材料——K 材料 549000

（二）采用计划成本核算

材料采用计划成本核算时，材料的收发及结存，无论总分类核算还是明细分类核算，均按照计划成本计价。使用的会计科目有"原材料""材料采购""材料成本差异"等。材料实际成本与计划成本的差异，通过"材料成本差异"科目核算。月末，计算本月发出材料应负担的成本差异并进行分摊，根据领用材料的用途计入相关资产的成本或者当期损益，从而将发出材料的计划成本调整为实际成本。

"原材料"科目。本科目用于核算库存各种材料的收发与结存情况。在材料采用计划成本核算时，本科目的借方登记入库材料的计划成本，贷方登记发出材料的计划成本，期末余额在借方，反映企业库存材料的计划成本。

"材料采购"科目。本科目借方登记采购材料的实际成本，贷方登记入库材料的计划成本。借方大于贷方表示超支，从本科目贷方转入"材料成本差异"科目的借方；贷方大于借方表示节约，从本科目借方转入"材料成本差异"科目的贷方；期末为借方余额，反映企业在途材料的采购成本。

"材料成本差异科目。本科目反映企业已入库各种材料的实际成本与计划成本的差异，借方登记超支差异及发出材料应负担的节约差异，贷方登记节约差异及发出材料应负担的超支差异。期末如为借方余额，反映企业库存材料的实际成本大于计划成本的差异（即超支差异）；如为贷方余额，反映企业库存材料实际成本小于计划成本的差异（即节约差异）。

1. 购入材料

（1）货款已经支付，同时材料验收入库

【例2-6】甲公司购入L材料一批，专用发票上记载的货款为3000000元，增值税额510000元，发票账单已收到，计划成本为3200000元，已验收入库，全部款项以银行存款支付。

借：材料采购 3000000

应交税费——应交增值税（进项税额）510000

贷：银行存款 3510000

在计划成本法下，取得的材料先要通过"材料采购"科目进行核算，企业支付材料价款和运杂费等构成存货实际成本的，记入"材料采购"科目。

（2）货款已经支付，材料尚未验收入库

【例2-7】甲公司采用汇兑结算方式购入M1材料一批，专用发票上记载的货款为200000元，增值税额34000元，发票账单已收到，计划成本180000元，材料尚未入库。

借：材料采购 200000

应交税费——应交增值税（进项税额）34000

贷：银行存款 234000

（3）货款尚未支付，材料已经验收入库

【例2-8】甲公司采用商业承兑汇票支付方式购入M2材料一批，专用发票上记载的货款为500000元，增值税额85000元，发票账单已收到，计划成本520000元，材料已验收入库。

借：材料采购 500000

应交税费——应交增值税（进项税额）85000

贷：应付票据 585000

在这种情况下，对于尚未收到发票账单的收料凭证，月末应按计划成本暂估入账，借记"原材料"等科目，贷记"应付账款——暂估应付账款"科目，下期初做相反分录予以冲回，借记"应付账款——暂估应付账款"科目，贷记"原材料"科目。

企业购入验收入库的材料，按计划成本，借记"原材料"科目，贷记"材料采购"科目，按实际成本大于计划成本的差异，借记"材料成本差异"科目，贷记材料采购"科目；实际成本小于计划成本的差异，借记"材料采购"科目，贷记"材料成本差异"科目。

2. 发出材料

月末，企业根据领料单等编制"发料凭证汇总表"结转发出材料的计划成本，应当根据所发出材料的用途，按计划成本分别记入"生产成本""制造费用""销售费用""管理费用"等科目。

根据《企业会计准则第1号——存货》的规定，企业日常采用计划成本核算的，发出的材料成本应由计划成本调整为实际成本，通过"材料成本差异"科目进行结转，按照所发出材料的用途，分别记入"生产成本""制造费用""销售费用""管理费用"等科目。发出材料应负担的成本差异应当按期（月）分摊，不得在季末或年末一次计算。

本期材料成本差异率≡（期初结存材料的成本差异＋本期验收入库材料的成本差异）/（期初结存材料的计划成本＋本期验收入库材料的计划成本）×100%

期初材料成本差率＝期初结存材料的成本差异/期初结存材料的计划成本 ×100%

三、包装物

包装物是指为了包装本企业商品而储备的各种包装容器，如桶、箱、瓶、坛、袋等。其核算内容包括：

①生产过程中用于包装产品作为产品组成部分的包装物；

②随同商品出售而不单独计价的包装物；

③随同商品出售而单独计价的包装物；

④出租或出借给购买单位使用的包装物。

为了反映和监督包装物的增减变动及其价值损耗、结存等情况，企业应当设置"周转材料——包装物"科目进行核算。对于生产领用包装物，应根据领用包装物的实际成本或计划成本，借记"生产成本"科目，贷记"周转材料包装物""材料成本差异"等科目。随同商品出售而不单独计价的包装物，应于包装物发出时，按其实际成本计入销售费用。随同商品出售且单独计价的包装物，一方面应反映其销售收入，计入其他业务收入；另一方面应反映其实际销售成本，计入其他业务成本。包装物应当根据使用次数分次进行摊销。

（一）生产领用包装物

生产领用包装物，应按照领用包装物的实际成本，借记"生产成本"科目，按照领用包装物的计划成本，贷记"周转材料——包装物"科目，按照其差额，借记或贷记"材料成本差异"科目。

【例2-9】甲公司对包装物采用计划成本核算，某月生产产品领用包装物的计划成本为100000元，材料成本差异率为-3%。

借：生产成本 97000

材料成本差异 3000

贷：周转材料——包装物 100000

（二）随同商品出售包装物

随同商品出售而不单独计价的包装物，应按其实际成本计入销售费用，借记"销售费用"科目，按其计划成本，贷记"周转材料——包装物"科目，按其差额，借记或贷记"材料成本差异"科目。

【例2-10】甲公司某月销售商品领用不单独计价包装物的计划成本为50000元，材

料成本差异率为 -3%。

借：销售费用 48500
材料成本差异 1500
贷：周转材料——包装物 50000

随同商品出售且单独计价的包装物，一方面应反映其销售收入，计入其他业务收入；另一方面应反映其实际销售成本，计入其他业务成本。

四、低值易耗品

低值易耗品通常被视同存货，作为流动资产进行核算和管理，一般划分为一般工具、一专用工具、替换设备、管理用具、劳动保护用品、其他用具等。

为了反映和监督低值易耗品.韵增减变动及其结存情况，企业应当设置"周转材料——低值易耗品"科目，借方登记低值易耗品的增加，贷方登记低值易耗品的减少，期末余额在借方，通常反映企业期末结存低值易耗品的金额。

低值易耗品应当根据使用次数分次进行摊销。

（一）一次转销法

采用一次转销法摊销低值易耗品，在领用低值易耗品时，将其价值一次、全部计入有关资产成本或者当期损益，主要适用于价值较低或极易损坏的低值易耗品的摊销。

【例2-11】公司某基本生产车间领用一般工具一批，实际成本为3000元，全部计入当期制造费用。应作如下会计处理。

借：制造费用 3000
贷：周转材料——低值易耗品 3000

（二）分次摊销法

采用分次摊销法摊销低值易耗品，低值易耗品在领用时摊销其账面价值的单次平均摊销额。分次摊销法适用于可供多次反复使用的低值易耗品。在采用分次摊销法的情况下，需要单独设置"周转材料——低值易耗品——在用""周转材料——低值易耗品——在库"和"周转材料——低值易耗品——摊销"明细科目。

【例2-12】甲公司的基本生产车间领用专用工具一批，实际成本为10000元，不符合固定资产定义，采用分次摊销法进行摊销。该专用工具的估计使用次数为2次。应作如下会计处理：

（1）领用专用工具：

借：周转材料——低值易耗品——在用 100000
贷：周转材料——低值易耗品——在库 100000

（2）第一次领用时摊销其价值的一半

借：制造费用 50000

贷：周转材料——低值易耗品——摊销 50000

（3）第二次领用时摊销其价值的一半

借：制造费用 50000

贷：周转材料——低值易耗品——摊销 50000

同时

借：周转材料——低值易耗品——摊销 100000

贷：周转材料——低值易耗品——在用 100000

五、委托加工物资

委托加工物资是指企业委托外单位加工的各种材料、商品等物资。企业委托外单位加工物资的成本包括加工中实际耗用物资的成本、支付的加工费用及应负担的运杂费等，支付的税金，包括委托加工物资所应负担的消费税（指属于消费税应税范围的加工物资）等。

为了反映和监督委托加工物资增减变动及其结存情况，企业应当设置"委托加工物资"科目，借方登记委托加工物资的实际成本，贷方登记加工完成验收入库的物资的实际成本和剩余物资的实际成本，期末余额在借方，反映企业尚未完工的委托加工物资的实际成本和发出加工物资的运杂费等。委托加工物资也可以采用计划成本或售价进行核算，其方法与库存商品相似。

（一）发出物资

【例 2-13】甲公司委托某量具厂加工一批量具，发出材料一批，计划成本 70000 元，材料成本差异率 4%，以银行存款支付运杂费 2200 元。

（1）发出材料时：

借：委托加工物资 72800

贷：原材料 70000

材料成本差异 2800

（2）支付运杂费时：

借：委托加工物资 2200

贷：银行存款 2200

需要说明的是，企业发给外单位加工物资时，如果采用计划成本或售价核算的，还应同时结转材料成本差异或商品进销差价，贷记或借记"材料成本差异"科目，或借记"商品进销差价"科目。

（二）支付加工费、运杂费等

【例 2-14】承【例 2-13】，甲公司以银行支付上述量具的加工费用 20000 元。

借：委托加工物资 20000

贷：银行存款 20000

(三)加工完成验收入库

【例2-15】承【例2-13】和【例2-14】,甲公司收回由某量具厂代加工的量具,以银行支付运杂费2500元。该量具已验收入库,其计划成本为110000元。应作如下会计处理:

(1)支付运杂费时:

借:委托加工物资 2500

贷:银行存款 2500

(2)量具入库时:

借:周转材料——低值易耗品 110000

贷:委托加物资 97500

材料成本差异 12500

需要注意的是,需要交纳消费税的委托加工物资,由受托方代收代交的消费税,收回后用于直接销售的,记入"委托加工物资"科目;收回后用于继续加工的,记入"应交税费——应交消费税"科目。

六、库存商品

(一)库存商品的内容

库存商品是指企业已完成全部生产过程并已验收入库、合乎标准规格和技术条件,可以按照合同规定的条件送交订货单位,或可以作为商品对外销售的品以及外购或委托加工完成验收入库用于销售的各种商品。库存商品具体包括库存产成品、外购商品、存放仁门市部准备出售的商品、发出展览的商品、寄存在外的商品、接受来料加工制造的代制品和为外单位加工修理的代修品等。已完成销售手续、但购买单位在月末未提取的产品,不应作为企业的库存商品,而应作为代管商品处理,单独设置代管商品备查簿进行登记。库存商品可以采用实际成本核算,也可以采用计划成本核算,其方法与原材料相似。采用计划成本核算时,库存商品实际成本与计划成本的差异,可单独设置"产品成本差异"科目核算。

为了反映和监督库存商品的增减变动及其结存情况,企业应当设置"库存商品"科目,借方登记验收入库的库存商品成本,贷方登记发出的库存商品成本,期末余额在借方,反映各种库存商品的实际成本或计划成本。

(二)库存商品的核算

1. 验收入库商品

对于库存商品采用实际成本核算的企业,当库存商品生产完成并验收入库时,应按实际成本,借记"库存商品"科目,贷记"产成本——基本生产成本"科目。

【例2-16】甲公司"商品入库汇总表"记载,某月已验收入库Y产品1000台,实际单位成本5000元,计5000000元;Z产品2000台,实际单位成本1000元,计2000000元。

甲公司应作如下会计处理：

借：库存商品——Y 产品 5000000

库存商品——Z 产品 2000000

贷：生产成本——基本生产成本（Y 产品）500000

生产成本——基本生产成本（Z 产品）2000000

2. 销售商品

企业销售商品、确认收入时，应结转其销售成本，借记"主营业务成本"等科目，贷记"库存商品"科目。

【例 2-17】甲公司月末汇总的发出商品中，当月已实现销售的 Y 产品有 500 台，Z 产品有 1500 台。该月 Y 产品实际单位成本 5000 元，Z 产品实际单位成本 1000 元。在结转其销售成本时，应作如下会计处理：

借：主营业务成本 4000000

贷：库存商品——Y 产品 2500000

库存商品——Z 产品 1500000

企业购入的商品可以采用进价或售价核算。采用售价核算的，商品售价和进价的差额，可通过"商品进销差价"科目核算。月末，应分摊已销商品的进销差价，将已销商品的销售成本调整为实际成本，借记"商品进销差价"科目，贷记"主营业务成本"科目。

商品流通企业的库存商品还可以采用毛利率法和售价金额核算法进行日常核算。

（1）毛利率法。毛利率法是指根据本期销售净额乘以上期实际（或本期计划）毛利率匡算本期销售毛利，并据以计算发出存货和期末存货成本的一种方法。

计算公式如下：

毛利率＝销售毛利/销售净额 ×100%

销售净额＝商品销售收入－销售退回与折让

销售毛利＝销售净额 × 毛利率

销售成本＝销售净额－销售毛利

期末存货成本＝期初存货成本＋本期购货成本－本期销售成本

这种方法是商品流通企业，尤其是商业批发企业常用的计算本期商品销售成本和期末库存商品成本的方法。商品流通企业由于经营商品的品种繁多，如果分品种计算商品成本，工作量将大大增加，而且，一般来讲，商品流通企业同类商品的毛利率大致相同，采用这种存货计价方法既能减轻工作量，也能满足对存货管理的需要。

（2）售价金额核算法。售价金额核算法是指平时商品的购入、加工收回、销售均按售价记账、售价与进价的差额通过"商品进销差价"科目核算，期末计算进销差价率和本期已销商品应分摊的进销差价，并据以调整本期销售成本的一种方法。计算公式如下：

商品进销差价率＝（期初库存商品进销差价＋本期购入商品进销差价）/（期初库存商品售价＋本期购入商品售价）×100%

本期销售商品应分摊的商品进销差价＝本期商品销售收入 × 商品进销差价率

本期销售商品的成本＝本期商品销售收入－本期销售商品应分摊的商品进销差价

期末结存商品的成本＝期初库存商品的进价成本＋本期购进商品的进价成本－本期销售商品的成本

企业的商品进销差价率各期之间是比较均衡的，因此，也可以采用上期商品进销差价率计算分摊本期的商品进销差价。年度终了，应对商品进销差价进行核实调整。

对于从事商业零售业务的企业（如百货公司、超市等），由于经营商品种类、品种、规格等繁多，而且要求按商品零售价格标价，采用其他成本计算结转方法均较困难，因此广泛采用这一方法。

七、存货清查

存货清查是指通过对存货的实地盘点，确定存货的实有数量，并与账面结存数核对，从而确定存货实存数与账面结存数是否相符的一种专门方法。

由于存货种类繁多、收发频繁，在日常收发过程中可能发生计量错误、计算错误、自然损耗，还可能发生损坏变质以及贪污、盗窃等情况，造成账实不符，形成存货的盘盈盘亏。对于存货的盘盈盘亏，应填写存货盘点报告（如实存账存对比表），及时查明原因，按照规定程序报批处理。

为了反映企业在财产清查中查明的各种存货的盘盈、盘亏和毁损情况，企业应当设置"待处理财产损益"科目，借方登记存货的盘亏、毁损金额及盘盈的转销金额，贷方登记存货的盘盈金额及盘亏的转销金额。企业清查的各种存货损益，应在期末结账前处理完毕，期末处理后，本科目应余额。

存货盘盈的核算企业发生存货盘盈时，借记"原材料""库存商品"等科目，贷记"待处理财产损益"科目；在按管理权限报经批准后，借记"待处理财产损益"科目，贷记"管理费用"科目。

（二）存货盘亏及毁损的核算

企业发生存货盘亏及损毁时，借记"待处理财产损溢"科目，贷记"原材料""库存商品"等科目。按管理权限报经批准后应做如下会计处理：对于入库的残料价值，计入"原材料"等科目；对于应由保险公司和过失人的赔款，记入"其他应收款"科目；扣除残料价值和应由保险公司、过失人赔款后的净损失，属于一般经营损失的部分，记入'管理费用"科目，属于非常损失的部分，记入营业外支出"科目。

八、存货减值

（一）存货跌价准备的计提和转回

资产负债表日，存货应当按照成本与可变现净值就低标准计量。其中，成本是指期末存货的实际成本，如企业在存货成本的日常核算中采用计划成本法售价金额核算法等简化核算方法，则成本为经调整后的实际成本。可变现净值是指在日常活动中，存货的估计售价减去至完工时估计将要发生的成本、估计的销售费用以及相关税费后的金额。可变现净值的特征表现为存货的预计未来净现金流量，而不是存货的售价或合同价。

存货成本高于其可变现净值的，应当计提存货跌价准备，计入当期损益。以前减记存货价值的影响因素已经消失的，减记的金额应当予以恢复，并在原已计提的存货跌价准备金额内转回，转回的金额计入当期损益。

（二）存货跌价准备的会计处理

企业应当设置"存货跌价准备"科目，核算存货的存货跌价准备，贷方登记计提的存货跌价准备金额；借方登记实际发生的存货跌价损失金额和冲减的存货跌价准备金额，期末余额一般在贷方，反映企业已计提但尚未转销的存货跌价准备。

当存货成本高于其可变现净值时，企业应当按照存货可变现净值低于成本的差额，借记"资产减值损失——计提的存货跌价准备"科目，贷记"存货跌价准备"科目。

转回已计提的存货跌价准备金额时，按恢复增加的余额，借记"存货跌价准备"科目，贷记"资产减值损失——计提的存货跌价准备"科目。

企业结转存货销售成本时，对于已计提存货跌价准备的，借记"存货跌价准备"科目，贷记"主营业务成本""其他业务成本"等科目。

第四节　固定资产

一、固定资产概述

（一）固定资产的概念和特征

固定资产是指同时具有以下特征的有形资产：①为生产商品、提供劳务、出租或经营管理而持有的；②使用寿命超过一个会计年度。

从这一定义可以看出，作为企业的固定资产应具备以下两个特征：第一，企业持有固定资产的目的，是为了生产商品、提供劳务、出租或经营管理的需要，而不像商品一样为了对外出售。这一特征是固定资产区别于商品等流动资产的重要标志。

第二，企业使用固定资产的期限较长，使用寿命一般超过一个会计年度。这一特征表明企业固定资产的收益期超过一年，能在一年以上的时间里为企业创造经济利益。

（二）固定资产的确认

1. 预期能给企业带来经济利益

固定资产在同时满足以下两个条件时，才能予以确认：与该固定资产有关的经济利益很可能流入企业资产最基本的特征是预期能给企业带来经济利益；如果某一项目预期不能给企业带来经济利益，就不能确认为资产。对固定资产的确认来说，如果某一固定资产预期不能给企业带来经济利益，就不能确认为企业的固定资产。因此在实务工作中，首先，需要判断该项固定资产所包含的经济利益是否很可能流入企业。如果该项固定资产包含的经济利益不是很可能流入企业，那么，即使其满足固定资产确认的其他条件，企业也不应将其确认为固定资产；如果该项固定资产包含的经济利益很可能流入企业，并同时满足固定资产确认的其他条件，那么，个业应将其确认为固定资产。

在实务中，判断固定资产包含的经济利益是否很可能流入企业，主要依据与该固定资产所有权相关的风险和报酬是否转移给了企业。其中，与固定资产所以权相关的风险是指于经营情况变化造成的相关收益的变动，以及由于资产闲置、技术陈旧等原因造成的损失；与固定资产所有权相关的报酬，是指在固定资产适用手忙内直接适用该资产而获得的收入以及处置该项资产所实现的利得等。通常，取得固定资产的所有权是判断与固定资产所以权相关的风险和报酬转移给了企业的一个重要标志。凡是所以权已属于企业，不论企业是否收到或持有该项固定资产，均可作为企业的固定资产；反之，如果没有取得所以权即使存放在企业，也不能作为企业的固定资产。有时某项固定资产的所有权虽然不属于企业，但是，企业能够控制该项固定资产所包含的经济利益流入企业，在这种情况下，可以认为与固定资产所有权相关的风险和报酬实质上已转移给企业，也可以作为企业的固定资产加以确认。比如，融资租入固定资产，企业（承租人）虽然不拥有该固定资产的所有权，但企业能够控制该固定资产所包含的经济利益，与固定资产所权相关的风险和报酬实质上已转移到了企业，因此，符合固定资产确认的第一个条件。

2. 该固定资产的成本能够可靠地计量

成本能够可靠地计量，是资产确认的一项基本条件。固定资产作为企业资产的重要组成部分，要予以确认，其为取得该固定资产而发生的支出也必须能够可靠地计量。如果固定资产的成本能够可靠地计量，并同时满足其他确认条件，就可以加以确认；否则，企业不应加以确认。

企业在确定固定资产成本时，有时需要根据所获得的最新资料，对固定资产的成本进行合理的估计。比如，企业对于已达到预定可使用状态的固定资产，在尚未办理竣工决算前，需要根据工程预算、工程造价或者工程实际发生的成本等资料，按估计价值确定固定资产的成本，待办理竣工决算后，再按实际成本调整原来的暂估价值。

在实务中，对于固定资产进行确认时，还需要注意以下两个问题：一是固定资产的各组成部分具有不同使用寿命或者以不同方式为企业提供经济利益，适用不同折旧率或折旧方法的，应当分别将各组成部分确认为单项固定资产。二是与固定资产有关的后续支出，满足固定资产确认条件的，应当计入固定资产成本；不满足固定资产确认条件的，应当在发生时计入当期损益。

（三）固定资产的分类

企业的固定资产种类繁多、规格不一，为加强管理，便于组织会计核算，有必要对其进行科学、合理的分类。根据不同的管理需要和核算要求以及不同的分类标准，可以对固定资产进行不同的分类，主要有以下几种分类方法：

1. 按经济用途分类

按固定资产的经济用途分类，可分为生产经营用固定资产和非生产经营用固定资产。

（1）生产经营用固定资产，是指直接服务于企业生产、经营过程的各种固定资产，如生产经营用的房屋、建筑物、机器、设备、器具、工具等。

（2）非生产经营用固定资产，是指不直接服务于生产、经营过程的各种固定资产，如职工宿舍等使用的房屋、设备和其他固定资产等。

按照固定资产的经济用途分类，可以归类反映和监督企业生产经营用固定资产和非生产经营用固定资产之间，以及生产经营用各类固定资产之间的组成和变化情况，借以考核和分析企业固定资产的利用情况，促使企业合理地配备固定资产，充分发挥其效用。

2. 综合分类

按固定资产的经济用途和使用情况等综合分类，可把企业的固定资产划分为七大类：
①生产经营用固定资产；
②非生产经营用固定资产；
③租出固定资产（指在经营租赁方式下出租给外单位使用的固定资产）；
④不需用固定资产；
⑤未使用固定资产；
⑥土地（指过去已经估价单独入账的土地。因征地而支付的补偿费，应计入与土地有关的房屋、建筑物的价值时，不单独作为土地价值入账。企业取得的土地使用权，应作为无形资产管理，不作为固定资产管理）；
⑦融资租入固定资产（指企业以融资租赁方式租入的固定资产，在租赁期内，应视同自有固定资产进行管理）。

由于企业的经营性质不同，经营规模各异，对固定资产的分类不可能完全一致。但实际工作中，企业大多采用综合分类的方法作为编制固定资产目录，作为进行固定资产核算的依据。

（四）固定资产的核算

为了核算固定资产，企业一般需要设置"固定资产""累计折旧""在建工程""工程物资""固定资产清理"等科目，核算固定资产取得、计提折旧处置等情况。

"固定资产"科目核算企业固定资产的原价，借方登记企业增加的固定资产原价，贷方登记企业减少的固定资产原价，期末借方余额，反映企业期末固定资产的账面原价。企业应当设置"固定资产登记簿"和"固定资产卡片"，按固定资产类别、使用部门和每项固定资产进行明细核算。

"累计折旧"科目属于"固定资产"的调整科目，核算企业固定资产的累计折旧，贷方登记企业计提的固定资产折旧，借方登记处置固定资产转出的累计折旧，期末贷方余额，反映企业固定资产的累计折旧额。

"在建工程"科目核算企业基建、更新改造等在建工程发生的支出，借方登记企业各项在建工程的实际支出，贷方登记完工工程转出的成本，期末借方余额反映企业尚未达到预定可使用状态的在建工程的成本。

"工程物资"科目核算企业为在建工程而准备的各种物资的实际成本。该科目借方登记企业购入工程物资的成本，贷方登记领用工程物资的成本，期末借方余额，反映企业为在建工程准备的各种物资的成本。

"固定资产清理"科目核算企业因出售、报废、毁损、对外投资、非货币性资产交换、债务重组等原因转出的固定资产价值以支在清理过程中发生的费用等借方登记转出的固定资产价值、清理过程中应支付的相关税费及其他费用，贷方登记固定资产清理完成的处理，期末借方余额，反映企业尚未清理完毕固定资产清理净损失。该科目应按被清理的固定资产项目设置明细账，进行明细核算。

此外，企业固定资产、在建工程、工程物资发生减值的，还应当设置"固定资产减值准备""在建工程减值准备""工程物资减值准备"等科目进行核算。

二、取得固定资产

（一）外购固定资产

企业外购的固定资产，应按实际支付的购买价款、相关税费、使固定资产达到预定可使用状态前所发生的可归属于该项资产的运输费、装卸费、安装费和专业人员服务费等，作为固定资产的取得成本。

（1）企业购入不需要安装的固定资产，应按实际支付的购买价款、相关税费以及使固定资产达到预定可使用状态前所发生的可归属于该项资产的运输费、装卸费和专业人员服务费等，作为固定资产成本，借记"固定资产"科目，贷银行存款"等科目。

（2）购入需要安装的固定资产，应在购入的固定资产取得成本的基础上加上安装调试成本等，作为购入固定资产的成本，先通过"在建工程"科目核算，待安装完毕达到预定可使用状态时，再由"在建工程"科目转入"固定资产"科目。

企业购入固定资产时，按实际支付的购买价款、运输费、装卸费和其他相关税费等，借记"在建工程"科目，贷记"银行存款"等科目；支付安装费用等时，借记"在建工程"科目，贷记"银行存款"等科目；安装完毕达到预定可使用状态时，按其实际成本，借记"固定资产"科目，贷记"在建工程"科目。

企业基于产品价格等因素的考虑，可能以一笔款项购入多项没有单独标价的固定资产。如果这些资产均符合资产定义，并满足固定资产的确认条件，则应将各项资产单独确认为固定资产，并按各项固定资产公允价值的比例对总成本进行分配，分别确定各项固定资产的成本。

（二）自建固定资产

企业自行建造固定资产，应按建造该项资产达到预定可使用状态前所发生的必要支出，作为固定资产的成本。

自建固定资产应先通过"在建工程"科目核算，工程达到预定可使用状态时，再从"在建工程"科目转入"固定资产"科目。企业自建固定资产，主要有自营和出包两种方式，由于采用的建设方式不同，其会计处理也不同。

1. 自营工程

自营工程是指企业自行组织工程物资采购、自行组织施工人员施工的建筑工程和安装工程。购入工程物资时，借记"工程物资"科目，贷记"银行存款"等科目。领用工程物资时，借记"在建工程"科目，贷记"工程物资"科目。在建工程领用本企业原材料时，借记"在建工程"科目，贷记"原材料""应交税费——应交增值税（进项税额转出）"等科目。在建工程领用本企业生产的商品时，借记"在建工程"科目，贷记"库存商品""应交税费——应交增值税（销项税额）"等科目。

自营工程发生的其他费用（如分配工程人员工资等），借记"在建工程"科目，贷记"银行存款""应付职工薪酬"等科目。自营工程达到预定可使用状态时，按其成本，借记"固定资产"科目，贷记"在建工程"科目。

2．出包工程

出包工程是指企业通过招标等方式将工程项目发包给建造承包商，由建造承包商组织施工的建筑工程和安装工程。企业采用出包方式进行的定资产工程，其工程的具体支出主要由建造承包商核算，在这种方式下，"在建工程"科目主要是企业与建造承包商办理工程价款的结算科目，企业支付给建造承包商的工程价款作为工程成本，通过"在建工程"

科目核算。企业按合理估计的发包工程进度和合同规定向建造承包商结算的进度款,借记"在建工程"科目,贷记"银行存款"等科目;工程完成时按合同规定补付的工程款,借记"在建工程科目,贷记"银行存款"等科目;工程达到预定可使用状态时,按其成本,借记"固定资产"科目,贷记"在建工程"科目。

三、固定资产的折旧

(一)固定资产折旧概述

企业应当在固定资产的使用寿命内,按照确定的方法对应计折旧额进行系统分摊,根据固定资产的性质和使用情况,合理确定固定资产的使用寿命和预计净残值。固定资产的使用寿命、预计净残值一经确定,不得随意变更,但是符合《企业会计准则第4号——固定资产》第十九条规定的除外。上述事项在报经股东大会或董事会、经理会议或类似机构批准后,作为计提折旧的依据,并按照法律、行政法规等的规定报送有关各方备案。

影响折旧的因素主要有以下几个方面:

(1)固定资产原价,是指固定资产的成本。

(2)预计净残值,是指假定固定资产预计使用寿命已满并处于使用寿命终了时的预期状态,企业目前从该项资产处置中获得的扣除预计处置费用后的金额。

(3)固定资产减值准备,是指固定资产已计提的固定资产减值准备累计。

(4)固定资产的使用寿命,是指企业使用固定资产的预计期间,或者该固定资产所能生产产品或提供劳务的数量。企业确定固定资产使用寿命时,应当考虑下列因素:

①该项资产预计生产能力或实物产量;

②该项资产预计有形损耗,如设备使用中发生磨损、房屋建筑物受到自然侵蚀等;

③该项资产预计无形损耗,如因新技术的出现而使现有的资产技术水平相对陈旧、市场需求变化使资产过时等;

④法律或者类似规定对该项资产使用的限制。

总之,企业应当根据固定资产的性质和使用情况,合理确定固定资产的使用寿命和预计净残值。固定资产的使用寿命、预计净残值一经确定,不得随意变更,但是符合《企业会计准则第4号——固定资产》第十九条规定的除外。

除以下情况外,企业应当对所有固定资产计提折旧:

①已提足折旧仍继续使用的固定资产;

②单独计价入账的土地;

在确定计提折旧的范围时,还应注意以下几点:

①固定资产应当按月计提折旧,当月增加的固定资产,当月不计提折旧,从下月起计提折旧;当月减少的固定资产,当月仍计提折旧,从下月起不计提折旧。

②固定资产提足折旧后,不论能否继续使用,均不再计提折旧;提前报废的固定资产,

也不再补提折旧。所谓提足折旧，是指已经提足该项固定资产的应计折旧额。

③已达到预定可使用状态但尚未办理竣工决算的固定资产，应当按照估计价值确定其成本，并计提折旧；待办理竣工决算后，再按实际成本调整原来的暂估价值，但不需要调整原已计提的折旧额。

企业至少应当于每年年度终了，对固定资产的使用寿命、预计净残值和折旧法进行复核。使用寿命预计数与原先估计数有差异的，应当调整固定资产使用寿命。预计净残值预计数与原先估计数有差异的，应当调整预计净残值。与固定资产有关的经济利益预期实现方式有重大改变的，应当改变固定资产折旧方法。固定资产使用寿命、预计净残值和折旧方法的改变应当作为会计估计变更。

（二）固定资产的折旧方法

企业应当根据与固定资产有关的经济利益的预期实现方式，合理选择固定资产折旧方法。可选用的折旧方法包括年限平均法、工作量法、双倍余额递减法和年数总和法等。

1. 年限平均法

年限平均法的计算公式如下：

年折旧率＝（1－预计净残值率）/预计使用寿命（年）×100%

月折旧率＝年折旧率/12

月折旧额＝固定资产原价 × 月折旧率

2. 工作量法

工作量法的基本计算公式如下：

单位工作量折旧额＝固定资产原价 ×（1－预计净残值率）预计总工作量

某项固定资产月折旧额＝该项固定资产当月工作量 × 单位工作量折旧额

3. 双倍余额递减法

双倍余额递减法的计算公式如下：

年折旧率＝2/预计使用寿命（年）×100%

月折旧率＝年折旧率/12

月折旧额一每月月初固定资产账面净值 x 月折旧率

4. 年数总和法

年数总和法计算公式如下：

年折旧率＝（预计使用寿命－已使用年限）/预计使用寿命 ×（预计使用寿命＋1）/2×100%

或者：

年折旧率＝尚可使用年限/预计使用寿命的年数总和 ×100%

月折旧率＝年折旧率/12

月折旧额＝（固定资产原值－预计净残值）× 月折旧额

（三）固定资产折旧的核算

固定资产应当按门计提折旧，计提的折旧应当记入"累计折旧"科目，并根据用途计入相关资产的成本或者当期损益。企业自行建造固定资产过程中使用的固定资产，其计提的折旧应计入在建工程成本；基本生产车间所使用的固定资产，其计提的折旧应计入制造费用；管理部门所使用的固定资产，其计提的折旧应计入管理费用；销售部门所使用的固定资产，其计提的折旧应计入销售费用；经营租出的固定资产，其应提的折旧额应计入其他业务成本。个业计提固定资产折旧时，借记"制造费用""销售费用""管理费用"等科目，贷记"累计折旧"科目。

四、固定资产的后续支出

固定资产的后续支出是指固定资产在使用过程中发生的更新改造支出、修理费用等。企业的固定资产投入使用后，由于各个组成部分耐用程度不同或者使用的条件不同，因而往往发生固定资产的局部损坏。为了保持固定资产的正常运转和使用，充分发挥其使用效能，就必须对其进行必要的后续支出。

固定资产的更新改造等后续支出，满足固定资产确认条件的，应当计入固定资产成本，如有被替换的部分，应同时将被替换部分的账面价值从该固定资产原账面价值中扣除；不满足固定资产确认条件的固定资产修理费用等，应当在发生时计入当期损益。

在对固定资产发生可资本化的后续支出后，企业应将该固定资产的原价、已计提的累计折旧和减值准备转销，将固定资产的账面价值转入在建工程。固定资产发生的可资本化的后续支出，通过"在建工程"科目核算。在固定资产发生的后续支出完工并达到预定可使用状态时，从"在建工程"科目转入"固定资产"科目。

企业生产车间（部门）和行政管理部门等发生的固定资产：修理费用等后续支出，借记"管理费用"等科目，贷记"银行存款"等科目；企业发生的与专设销售机构相关的固定资产修理费用等后续支出，借记"销售费用"科目，贷记"银行存款"等科目。

五、固定资产的处置

企业在生产经营过程中，可能将不适用或不需用的固定资产对外出售转让，或因磨损、技术进步等原因对固定资产进行报废，或因遭受自然灾害而对毁损的固定资产进行处理。对于上述事项在进行会计核算时，应按规定程序办理有关手续，结转固定资产的账面价值，计算有关的清理收入、清理费用及残料价值。

固定资产处置包括固定资产的出售、报废、毁损、对外投资、非货币性资产交换、债务重组等。处置固定资产应通过"固定资产清理"科目核算。具体包括以下几个环节：

（1）固定资产转入清理。企业因出售、报废、毁损、对外投资、非货币性资产交换、债务重组等转出的固定资产，按该项固定资产的账面价值，借记"固定资产清理"科目，按已计提的累计折旧，借记"累计折旧"科目，按已计提的减值准备，借记"固定资产减值准备"科目，按其账面原价，贷记"固定资产"科目。

（2）发生的清理费用等。固定资产清理过程中应支付的相关税费及其他费用，借记"固定资产清理"科目，贷记"银行存款""应交税费——应交营业税"等科目。

（3）收回出售固定资产的价款、残料价值和变价收入等，借记"银行存款""原材料"等科目，贷记"固定资产清理"科目。

（4）保险赔偿等的处理：应由保险公司或过失人赔偿的损失，借记"其他应收款"等科目，贷记"固定资产清理"科目。

（5）清理净损益的处理。固定资产清理完成后，属于生产经营期间正常的处理损失，借记"营业外支出——处置非流动资产损失"科目，贷记"固定资产清理"科目；属于自然灾害等非正常原因造成的损失，借记"营业外支出——非常损失"科目，贷记"固定资产清理"科目。如为贷方余额，借记"固定资产清理"科目，贷记"营业外收入"科目。

六、固定资产清查

企业应定期或者至少于每年年末对固定资产进行清查盘点，以保证固定资产核算的真实性，充分挖掘企业现有固定资产的潜力。在固定资产清查过程中，如果发现盘盈、盘亏的固定资产，应填制固定资产盘盈盘亏报告表。清查固定资产的损溢，应及时查明原因，并按照规定程序报批处理。

（一）固定资产盘盈

企业在财产清查中盘盈的固定资产，作为前期差错处理。企业在财产清查中盘盈的固定资产，在按管理权限报经批准处理前应先通过"以前年度损益调整"科目核算。盘盈的固定资产，应按重置成本确定其入账价值，借记"固定资产"科目，贷记"以前年度损益调整"科目。

（二）固定资产盘亏

企业在财产清查中盘亏的固定资产，按盘亏固定资产的账面价值，借记"待处理财产损溢"科目，按已计提的累计折旧，借记"累计折旧"科目，按已计提的减值准备，借记"固定资产减值准备"科目，按固定资产的原价，贷记"固定资产"科目。按管理权限报经批准后处理时，按可收回的保险赔偿或过失人赔偿，借记"其他应收款"科目，按应计入营业外支出的金额，借记"营业外支出——盘亏损失"科目，贷记"待处理财产损溢"科目。

七、固定资产减值

固定资产在资产负债表日存在可能发生减值的迹象时,其可收回金额低于账面价值的,企业应当将该固定资产的账面价值减记至可收回金额,减记的金额确认为减值损失,计入当期损益,同时计提相应的资产减值准备,借记"资产减值损失——固定资产减值准备"科目,贷记"固定资产减值准备"科目。固定资产减值损失一经确认,在以后会计期间不得转回。

第五节　无形资产及其他资产

一、无形资产

(一)无形资产的概念和特征

无形资产是指企业拥有或者控制的没有实物形态可辨的非货币性资产。无形资产其有三个主要特征:

(1)不具有实物形态。无形资产是不具有实物形态的非货币性资产,它不像固定资产、存货等有形资产具有实物形体.

(2)具有可辨认性。资产满足下列条件之一的,符合无形资产定义中的可辨认性标准:

①能够从企业中分离或者划分出来,并能单独或者与相关合同、资产或负债一起,用于出售、转让、授予许可、租赁或者交换。

②源自合同性权利或其他法定权利,无论这些权利是否可以从企业或其他权利或义务中转移或者分离。

商誉的存在无法与企业自身分离,不具有可辨认性,不在本节规范。

(3)属于非货币性长期资产。无形资产属于非货币性资产且能够在多个会计期间为企业带来经济利益。无形资产的使用年限在一年以上,其价值将在各个受益期间逐渐摊销。

(二)无形资产的确认

(1)无形资产同时满足以下条件时才能予以确认:与该资产有关的经济利益很可能流入企业资产最基本的特征是产生的经济利益预期很可能流入企业,如果某一项目产生的经济利益预期不能流入企业,就不能确认为企业的资产。对无形资产确认而言,如果某一无形资产的经济利益预期不能流入企业,就不能确认为企业的无形资产;如果某一无形资产的经济利益预期很可能流入企业,并同时满足无形资产确认的其他条件,则企业应将其确认为无形资产。例如,企业外购一项专利权,从而拥有法定所有权,使得企业的相关权利受到法律的保护，此时，表明企业能够控制该项无形资产所产生的经济利益。

在实务工作中，要确定无形资产产生的经济利益是否很可能流入企业，应当对无形资产在预计使用寿命内可能存在的各种经济因素做出合理估计，并且应当有明确证据支持。在进行这种判断时，需要考虑相关的因素，比如，企业是否有足够的人力资源、高素质的管理队伍、相关硬件设备等来配合无形资产为企业创造经济利益。最为重要的是应关注外界因素的影响，比如是否存在相关的新技术、新产品冲击与无形资产相关的技术或利用其生产的产品的市场等。

（2）该无形资产的成本能够可靠地计量

成本能够可靠地计量是资产确认的一项基本条件。对于无形资产而言，这个条件显得十分重要。比如，一些高科技领域的高科技人才，假定其与企业签订了服务合同，且合同规定其在一定期限内不能为其他企业提供服务。在这种情况下，虽然这些高科技人才的知识在规定的期限内预期能够为企业创造经济利益，但由于这些高科技人才的知识难以准确或合理辨认，加之为形成这些知识所发生的支出难以计量，从而不能作为企业的无形资产加以确认。

（三）无形资产的构成

无形资产主要包括专利权、非专利技术、商标权、著作权、土地使用权、特许权等。

1. 专利权

专利权是指国家专利主管机关依法授予发明创造专利申请人对其发明创造在法定期限内所享有的专有权利，包括发明专利权、实用新型专利权和外观设计专利权。它给予持有者独家使用或控制某项发明的特殊权利。《中华人民共和国专利法》明确规定，专利人拥有的专利权受到国家法律保护。专利权是允许其持有者独家使用或控制的特权，但它并不保证一定能给持有者带来经济效益，如有的专利可能会被另外更有经济价值的专利所淘汰等，因此，企业不应将其所拥有的一切专利权都予以资本化，作为无形资产管理和核算。一般而言，只有从外单位购入的专利或者自行开发并按法律程序申请取得的专利，才能作为无形资产管理和核算。这种专利可以降低成本，或者提高产品质量，或者将其转让出去获得转让收入。

企业从外单位购入的专利权，应按实际支付的价款作为专利权的成本。企业自行开发并按法律程序申请取得的专利权，应按照无形资产准则确定的金额作为成本。

2. 商标权

商标是用来辨认特定的商品或劳务的标记。商标权是指专门在：某类指定的商品或产品上使用特别的名称或图案的权利。商标经过注册登记，就获得了法律上的保护。《中华人民共和国商标法》明确规定，经商标局核准注册的商标为注册商标，商标注册人享有商标专用权，受法律的保护。

企业自创的商标并将其注册登记，所花费用一般不大，是否将其资本化并不重要。能够给拥有者带来获利能力的商标，往往是通过多年的广告宣传和其他传播商标名称的手段，以及客户的信赖等树立起来的。广告费一般不作为商标权的成本，而是在发生时直接计入当期损益。

按照《中华人民共和国商标法》的规定，商标可以转让，但受让人应保证使用该注册商标的产品质量。如果企业购买他人的商标，一次性支出费用较大的，可以将其资本化，作为无形资产管理。这时，应根据购入商标的价款、支付的手续费及有关费用作为商标的成本。

3. 土地使用权

土地使用权是指国家准许某一企业或单位在一定期间内对国有土地享有开发、利用、经营的权利。企业取得土地使用权，应将取得时发生的支出资本化作为土地使用权的成本，记入"无形资产"科目。

4. 非专利技术

非专利技术即专有技术，或技术秘密、技术诀窍，是指先进的、未公开的、未申请专利、可以带来经济效益的技术及诀窍。主要内容包括：一是工业专有技术，即在生产上已经采用，仅限于少数人知道，不享有专利权或发明权的生产、装配、修理、工艺或加工方法的技术知识；二是商业（贸易）专有技术，即具有保密性质的市场情报、原材料价格情报以及用户、竞争对象的情况和有关知识；三是管理专有技术，即生产组织的经营方式、管理方式、培训职工方法等保密知认。非专利技术并不是专利法的保护对象，专有技术所有人依靠自我保密的方式来维持其独占权，可以用于转让和投资。

企业的非专利技术，有些是自己开发研究的，有些是根据合同规定从外部购入的。如果是企业自己开发研究的，应将符合《企业会计准则第6号——无形资产》规定的开发支出资本化条件的，确认为无形资产。对于从外部购入的非专利技术，应将实际发生的支出予以资本化，作为无形资产入账。

5. 著作权

著作权又称版权，制作者对其创作的文学、科学和艺术作品依法享的某种特殊权利。著作权包括两方面的权利，即精神权利（人身权利）和经济权利（财产权利）。前者指作品署名权、发表作品、确认作者身份、保护作品完整性修改已经发表的作品等各项权利，包括发表权、署名权、修改权和保护作品完整权；后者指以出版、表演、广播、展览、录制唱片、摄制影片等方式使用作品以及因授权他人使用作品而获得经济利益的权利。

6. 特许权

特许权，又称经营特许权、专营权，指企业在某一地区经营或销售某种特定商品的权利或是一家企业接受另一家企业使用其商标、商号、技术秘密等的权利。前者一般是指政府机关授权、准许企业使用或在一定地区享有经营某种业务的特权,如水、电、邮电通讯等专营权、烟草专卖权等;后者指企业间依照签订的合同,有期限或无期限使用另一家企业的某些权利,如连锁店分店使用总店的名称等。

(四)无形资产的核算

为了核算无形资产的取得、摊销和处置等情况,企业应当设置"无形资产""累计摊销"等科目。

"无形资产"科目核算企业持有的无形资产成本,借方登记取得无形资的成本,贷方登记出售无形资产转出的无形资产账面余额,期末借方余额,反映企业无形资产的成本。本科目应按无形资产项目设置明细账,进行明细核算"累计摊销"科目属于"无形资产"的调整科目,核算企业对使用寿命有限的无形资产计提的累计摊销,贷方登记企业计提的无形资产摊销,借方登记处置无形资产转出的累计摊销,期末贷方余额,反映企业无形资产的累计摊销额。

此外,企业无形资产发生减值的,还应当设置"无形资产减值准备"科目进行核算。

1. 无形资产的取得

无形资产应当按照成本进行初始计量。企业取得无形资产的主要方式有外购、自行研究开发等。取得的方式不同,其会计处理也有所差别。

(1) 外购无形资产。

外购无形资产的成本包括购买价款、相关税费以及直接归属于使该项资产达到预定用途所发生的其他支出。

(2) 自行研究开发无形资产

企业内部研究开发项目所发生的支出应区分研究阶段支出和开发阶段支出,企业自行开发无形资产发生的研发支出,不满足资本化条件的,借记"研发支出——费用化支出"科目,满足资本化条件的,借记"研发支出——资本化支出"科目,贷记"原材料""银行存款""应付职工薪酬"等科目。研究开发项目达到预定用途形成无形资产的,应按"研发支出——资本化支出"科目的余额,借记"无形资产"科目,贷记"研发支出——资本化支出"科目。期(月)末应将"研发支出——费用化支出"科目归集的金额转入"管理费用"科目,借记"管理费用"科目,贷记"研发支出——费用化支出"科目。

2. 无形资产的摊销

企业应当于取得无形资产时分析判断其使用寿命。使用寿命有限的无形资产应进行摊销。使用寿命不确定的无形资产不应摊销。使用寿命有限的无形资产,其残值应当视为零。对于使用寿命有限的无形资产应当自可供使用(即其达到预定用途)当月起开始摊销,处置当月不再摊销。

无形资产摊销方法包括直线法、生产总量法等。企业选择的无形资产的摊销方法,应当反映与该项无形资产有关的经济利益的预期实现方式。无法可靠确定预期实现方式的，应当采用直线法摊销。

企业应当按月对无形资产进行摊销。无形资产的摊销额一般应当计入当期损益，企业自用的无形资产，其摊销金额计入管理费用；出租的无形资产，其摊销金额计入其他业务成本；某项无形资产包含的经济利益通过所生产的产品或其他资产实现的，其摊销金额应当计入相关资产成本。

3. 无形资产的处置

企业处置无形资产，应当将取得的价款扣除该无形资产账面价值以及出售相关税费后的差额计入营业外收入或营业外支出。

4. 无形资产的减值

无形资产在资产负债表日存在可能发生减值的迹象时，其可收回金额低于账面价值的，企业应当将该无形资产的账面价值减记至可收回金额，减记的金额确认为减值损失，计入当期损益，同时计提相应的资产减值准备，按应减记的金额，借记"资产减值损失——计提的无形资产减值准备"科目，贷记"无形资产减值准备"科目。无形资产减值损失一经确认，在以后会计期间不得转回。

二、其他资产

其他资产是指除货币资金、交易性金融资产、应收及预付款项、存货、长期股权投资、固定资产、无形资产等以外的资产，如长期待摊费用等。

长期待摊费用是指企业已经发生但应由本期和以后各期负担的分摊期限在一年以上的各项费用，如以经营租赁方式租入的固定资产发生的改良支出等。

【例2-18】2015年4月1日，丙公司对其以经营租赁方式新租入的办公楼进行装修，发生以下有关支出：领用生产材料50000元，购进该批原材料时支付的增值税进项税额为85000元；辅助生产车间为该装修工程提供的劳务支出为180000元；有关人员工资等职工薪酬435000元。2015年12月1日，该办公楼装修完工，达到预定可使用状态并交付使用，并按租赁期10年开始进行摊销。假定不考虑其他因素，丙公司应作如下会计处理：

（1）装修领用原材料：

借：长期待摊费用 585000

贷：原材料 500000

应交税费——应交增值税 85000

（2）辅助生产车间为装修工程提供劳务时：

借：长期待摊费用 180000

贷：生产成本——辅助生产成本 180000

（3）确认工程人员职工薪酬时：

借：长期待摊费用 435000
  贷：应付职工薪酬 435000

（4）2015 年摊销装修支出时：

借：管理费用 10000
  贷：长期待摊费用 10000

第三章 负 债

第一节 流动负债

一、流动负债概述

（一）负债的概念和分类

负债，是指企业过去的交易或者事项形成的、预期会导致经济利益流出企业的现时义务。负债一般按其偿还速度或偿还时间的长短划分为流动负债和非流动负债两类：一是流动负债。流动负债是指将在1年或超过1年的一个营业周期内偿还的债务，主要包括短期借款、应付票据、应付账款、应付利息、预收账款、应付职工薪酬、应交税费、应付股利、其他应付款等。二是非流动负债。非流动负债是指偿还期在1年或超过1年的一个营业周期以上的债务，包括长期借款、应付债券、长期应付款等。

（二）负债的特点

（1）负债是指已经发生的，并在未来一定时期内必须偿付的经济义务，必须用货币、物品、提供劳务、再负债等债权人所能接受的形式（包括债权人放介债权）来实现。因此，现时的负债代表着企业未来经济利益的付出。

（2）能够用货币确切地计量或合理估计。负债通常有一个可确定的到期偿付金额，即使某一种负债当时没有确切金额，也可以根据负债情况、相关资料合理地加以判断并且得出接近精确的估计数。

（3）通常都有具体的偿付对象和偿付日期。通常情况下，负债的债权人和负债的到期日均是确定的，或是可以合理地估计确定的。例如，企业对已出售产品的保修业务往往具有不确定性，但对于需保修产品的客户和保修期，还是可以合理估计的。

与长期负债相比较，流动负债除具有上述负债的基本特点外，它还具有偿还期限较短、必须在一年或超过一年的一个营业周期内偿还等特点。正确核算企业的流动负债，合理搭配流动资产与流动负债的比例关系，是企业会计管理的一项重要内容。

（三）流动负债的分类

1. 按应付金额是否确定分类

（1）金额确定的流动负债。即根据合同、契约或法律的规定，到期必须偿还，而且有确切的金额、债权人和偿付时期的流动负债。比如向银行借人一笔款项，将于三个月后归还，具有确定的金额、债权人和偿付日期。类似的流动负债还有应付票据、应付账款、预收账款等。

（2）金额视经营情况而定的流动负债。即需要根据一定期间的经营情况来决定金额多少的负债。例如企业应付给投资者的利润，必须等到经营期末才能根据经营情况决定向投资者分配多少利润。类似的流动负债还有应交所得税等。

（3）金额需要估计的流动负债。这类负债也称为或有负债。它们的存在与否和其金额受款人及偿付日期，主要取决于有关的未来事件是否存在。如果未来事件确定存在，应形成一种实际的负债；反之不存在。如产品质量担保债务，这类债务应按以往的经验或依据有关的资料估计确定其应承担义务的金额。

2. 按形成方式分类

（1）融资活动形成的流动负债。指企业从银行或其他金融机构筹集资金形成的流动负债，如短期借款。

（2）结算业务形成的流动负债。指没有了结的商品交易所形成的流动负债。如企业从外单位购买商品已验收入库，但货款尚未支付所形成的一笔待结算的应付款项。

（3）经营过程中形成的流动负债。这是指企业内部往来形成的流动负债，包括应付职工薪酬等。

（4）收益分配形成的流动负债。这是指企业对净收益进行分配过程中产生的流动负债，如应付投资者的利润等。

二、短期借款

短期借款是指企业向银行或其他金融机构等借入的期限在1年以下（含1年）的各种借款，通常是为了满足正常生产经营的需要。企业应通过"短期借款"科目，核算短期借款的发生、偿还等情况。企业从银行或其他金融机构取得短期借款时，借记"银行存款"科目，贷记"短期借款"科目。

在实际工作中，银行一般于每季度末收取短期借款利息，为此，企业的短期借款利息一般采用月末预提的方式进行核算。短期借款利息属于筹资费用，应记入"财务费用"科目。企业应当在资产负债表日按照计算确定的短期借款利息费用，借记"财务费用"科目，贷记"应付利息"科目；实际支付利息时，借记"应付利息"科目，贷记"银行存款"科目。

企业短期借款到期偿还本金时，借记"短期借款"科目，贷记"银行存款"科目。

三、应付及预收款项

（一）应付票据

1. 应付票据概述

应付票据是指企业购买材料、商品和接受劳务供应等而开出、承兑的商业汇票，包括商业承兑汇票和银行承兑汇票。企业应当设置"应付票据备查簿"，详细登记商业汇票的种类、号数和出票日期、到期日、票面余额、交易合同号和收款人姓名或单位名称以及付款日期和金额等资料。应付票据到期结清时，应当在备查簿内予以注销。

商业汇票按照是否带息，分为带息票据和不带息票据。不带息票据，其面值就是企业到期时应支付的金额。带息票据的票面金额仅表示本金，票据到期时除按面值支付外，还应另行支付利息。

企业应通过"应付票据"科目，核算应付票据的发生、偿付等情况。该科目贷方登记开出、承兑汇票的面值及带息票据的预提利息，借方登记支付票据的金额，余额在贷方表示企业尚未到期的商业汇票的票面金额和应计未付的利息。

2. 不带息应付票据的账务处理

（1）发生应付票据

通常而言，商业汇票的付款期限不超过6个月，因此在会计上应作为流动负债管理和核算。同时，由于应付票据的偿付时间较短，在会计实务中，一般均按照开出、承兑的应付票据的面值入账。

企业因购买材料、商品和接受劳务供应等而开出、承兑的商业汇票，应当按其票面金额作为应付票据的入账金额，借记"材料采购""原材料""库存商品""应付账款""应交税费——应交增值税（进项税额）"等科目，贷记"应付票据"科目。

企业支付的银行承兑汇票手续费应当计入当期财务费用，借记"财务费用"科目，贷记"银行存款"科目。

（2）偿还应付票据

应付票据到期支付票款时，应按账面余额予以结转，借记"应付票据"科目，贷记"银行存款"科目。

（3）转销应付票据

应付商业承兑汇票到期，如企业无力支付票款，应将应付票据按账面余额转作应付账款，借记"应付票据"科目，贷记"应付账款"科目。应付银行承兑汇票到期，如企业无力支付票款，应将应付票据的账面余额转作短期借款，借记"应付票据"科目，贷记"短期借款"科目。

（3）带息应付票据的账务处理

与不带息应付票据的会计处理的不同之处是，企业开出、承兑的带息票据，应于期末计算应付利息，计入当期财务费用，借记"财务费用"科目，贷记"应付票据"科目。

（二）应付账款

应付账款是指企业因购买材料、商品或接受劳务供应等经营活动应支付的款项。应付账款，一般应在与所购买物资所有权相关的主要风险和报酬已经转移，或者所购买的劳务已经接受时确认。在实务工作中，为了使所购入物资的金额、品种、数量和质量等与合同规定的条款相符，避免因验收时发现所购物资存在数量或质量问题而对入账的物资或应付账款金额进行改动，在物资和发票账单同时到达的情况下，一般在所购物资验收入库后，再根据发票账单登记入账，确认应付账款。在所购物资已经验收入库，但是发票账单未能同时到达的情况下，企业应付物资供应单位的债务已经成立，在会计期末，为了反映企业的负债情况，需要将所购物资和相关的应付账款暂估入账，待下月初再用红字予以冲回。

企业应通过"应付账款"科目，核算应付账款的发生、偿还、转销等情况。该科目贷方登记企业购买材料、商品和接受劳务等而发生的应付账款，借方登记偿还的应付账款或开出商业汇票抵付应付账款的款项，或已冲销的无法支付的应付账款。余额一般在贷方，表示企业尚未支付的应付账款余额。本科目一般应按照债权人设置明细科目进行明细核算。

应付账款的处理主要涉及以下环节：

1. 发生应付账款

企业购入材料、商品或接受劳务等所产生的应付账款，应按应付金额入账。购入材料、商品等验收入库，但货款尚未支付，根据有关凭证（发票账单、随货同行发票上记载的实际价款或暂估价值），借记"材料采购""在途物资"等科目，按可抵扣的增值税税额，借记"应交税费应交增值税（进项税额）"科目，按应付的价款，贷记"应付账款"科目。企业接受供应单位提供劳务而发生的应付未付款项，根据供应单位的发票账单，借记"生产成本""管理费用"等科目，贷记"应付账款"科目。

应付账款附有现金折扣的，应按照扣除现金折扣前的应付款总额入账。因在折扣期限内付款而获得的现金折扣，应在偿付应付账款时冲减财务费用。

2. 偿还应付账款

企业偿还应付账款或开出商业汇票抵付应付账款时，借记"应付账款"科目，贷记"银行存款""应付票据"等科目。

3. 转销应付账款

企业转销确实无法支付的应付账款（比如因债权人撤销等原因而产生无法支付的应付账款），应按其账面余额计入营业外收入，借记"应付账款"科目，贷记"营业外收入"科目。

（三）预收账款

预收账款是指企业按照合同规定向购货单位预收的款项。与应付账款不同，预收账款所形成的负债不是以货币偿付，而是以货物偿付。

企业应通过"预收账款"科目，核算预收账款的取得、偿付等情况。该科目贷方登记发生的预收账款数额和购货单位补付账款的数额，借方登记企业向购货方发货后冲销的预收账款数额和退回购货方多付账款的数额；余额一般在贷方，反映企业应收的款项。企业应当按照购货单位设置明细科目进行明细核算。预收货款业务不多的企业，可以不单独设置"预收账款"科目，其所发生的预收货款，可通过"应收账款"科目核算。

企业预收购货单位的款项时，借记"银行存款"科目，贷记"预收账款"科目；销售实现时，按实现的收入和应交的增值税销项税额，借记"预收账款"科目，按照实现的营业收入，贷记"主营业务收入"科目，按照增值税专用发票上注明的增值税税额，贷记应交税费——应交增值税（销项税额）"等科目；企业收到购货单位补付的款项，借记"银行存款"科目，贷记"预收账款"科目；向购货单位退回其多付的款项时，借记"预收账款"科目，贷记"银行存款"科目。

（四）其他应付款

其他应付款是指企业除应付票据、应付账款、预收账款、应付职工薪酬、应交税费、应付股利等经营活动以外的其他各项应付、暂收的款项，如应付租入包装物租金、存入保证金等。企业应通过"其他应付款"科目，核算其他应付款的增减变动及其结存情况，并按照其他应付款的项目和对方单位（或个人）设置明细科目进行明细核算。该科目贷方登记发生的各种应付、暂收款项，借方登记偿还或转销的各种应付、暂收款项；该科目期末贷方余额，反映企业应付未付的其他应付款项。

企业发生其他各种应付、暂收款项时，借记"管理费用"等科目，贷记"其他应付款"科目；支付或退回其他各种应付、暂收款项时，借记"其他应付款"科目，贷记"银行存款"等科目。

（五）应付利息

应付利息核算企业按照合同约定应支付的利息，包括短期借款、分期付息到期还本的长期借款、企业债券等应支付的利息。企业应当设置"应付利息"科目，按照债权人设置明细科目进行明细核算，该科目期末贷方余额反映企业按照合同约定应支付但尚未支付的利息。

企业采用合同约定的名义税率计算确定利息费用时，应按合同约定的名义利率计算确定的应付利息的金额，记入"应付利息"科目；实际支付利息时，借记"应付利息"科目，贷记"银行存款"等科目。

（六）应付股利

应付股利是指企业根据股东大会或类似机构审议批准的利润分配方案确定分配给投资者的现金股利或利润。企业通过"应付股利"科目，核算企业确定或宣告支付但尚未实际支付的现金股利或利润。该科目贷方登记应支付的现金股利或利润，借方登记实际支付的现金股利或利润，期末贷方余额反映企业应付未付的现金股利或利润。该科目应按照投资者设置明细科目进行明细核算。

企业根据股东大会或类似机构审议批准的利润分配方案，确认应付给投资者的现金股利或利润时，借记"利润分配——应付现金股利或利润"科目，贷记"应付股利"科目；向投资者实际支付现金股利或利润时，借记"应付股利"科目，贷记"银行存款"等科目。

此外，需要说明的是，企业董事会或类似机构通过的利润分配方案中拟分配的现金股利或利润，不做账务处理，不作为应付股利核算，但应在附注中披露。企业分配的股票股利不通过"应付股利"科目核算。

四、应付职工薪酬

（一）应付职工薪酬的内容

职工薪酬是指企业为获得职工提供的服务而给予各种形式的报酬以及其他相关支出。这是所称"职工"比较宽泛，包括三类人员：一是与企业订立劳动合同的所有人员，含全职、兼职和临时职工；二是未与企业订立劳动合同、但由企业正式任命的企业治理层和管理层人员，如董事会成员、监事会成员等；三是在企业的计划和控制下，虽未与企业订立劳动合同或未由其正式任命，但为其提供与职工类似服务的人员，也属于职工范畴。

职工薪酬主要包括以下内容：

（1）职工工资、奖金、津贴和补贴，是指按照国家统计局《关于职工工资总额组成的规定》，构成工资总额的计时工资、计件工资、支付给职工的超额劳动报酬和增收节支的劳动报酬、为了补偿职工特殊或额外的劳动消耗和因其他特殊原则支付给职工的津贴，以及为了保证职工工资水平不受物价影响支付给职工的物价补贴等。企业按规定支付给职工的加班加点工资，根据国家法律、法规和政策规定，企业在职工因病、工作、产假、计划生育假、婚丧假、事假、探亲假、定期休假、停工学习、执行国家或社会义务等特殊情况下，按照计时工资或计件工资标准的一定比例支付的工资，也属于职工工资范畴，在职工休假时，不应当从工资总额中扣除。

（2）职工福利费，主要是尚未实行主辅分离、辅业改制的企业，内设医务室、职工浴室、理发室、托儿所等集体福利机构人员的工资、医务经费，职工因公负伤赴外地就医路费。职工生活困难补助，以及按照国家规定开支的其他职工福利支出。

（3）医疗保险费、养老保险费、失业保险费、工伤保险费和生育保险费等社会保险费，是指企业按照国家规定的基准和比例计算，向社会保险经办机构缴纳的医疗保险费、基本养老保险费、失业保险费、工伤保险费和生育保险费，以及根据《企业年金试行办法》、《企业年金基金管理试行办法》等相关规定，向有关单位（企业年金基金账户管理人）缴纳的补充养老保险费。此外，以商业保险形式提供给职工的各种保险待遇也属于企业提供的职工薪酬。

（4）住房公积金，是指企业按照国务院《住房公积金管理条例》规定的基准和比例计算，向住房公积金管理机构缴存的住房公积金。

（5）工会经费和职工教育经费，是指企业为了改善职工文化生活、提高职工业务素质用于开展工会活动和职工教育及职业技能培训，根据国家规定的基准和比例，从成本费用中提取的金额。

（6）非货币性福利，是指企业以自己的产品或外购商品发放给职工作为福利，企业提供给职工无偿使用自己拥有的资产或租赁资产供职工无偿使用和为职工无偿提供服务等，比如提供给企业高级管理人员使用的住房等，免费为职工提供诸如医疗保健的服务，或向职工提供企业支付了一定补贴的商品或服务等，比如以低于成本的价格向职工出售住房等。

（7）因解除与职工的劳动关系给予的补偿，是指由于分离办社会职能、实施主辅分离、辅业改制、分流安置富余人员、实施重组、改组计划、职工不能胜任等原因，企业在职工劳动合同尚未到期之前解除与职工的劳动关系，或者为鼓励职工自愿接受裁减而提出补偿建议的计划中给予职工的经济补偿，即国际财务报告准则中所指的辞退福利。

（8）其他与获得职工提供的服务相关的支出，是指除上述七种薪酬以外的其他为获得职工提供的服务而给予的薪酬，比如企业提供给职工以权益形式结算的认股权、以现金形式结算但以权益工具公允价值为基础确定的现金股票增值权等。

总之，从薪酬的涵盖时间和支付形式来看，职工薪酬包括企业在职工在职期间和离职后给予的所有货币性薪酬和非货币性福利；从薪酬的支付对象来看，职工薪酬包括提供给职工本人和其配偶、子女或其他被赡养人的福利，比如支付给因公伤亡职工的配偶、子女或其他被赡养人的抚恤金。

（二）应付职工薪酬的账务处理

企业应当设置"应付职工薪酬"科目，核算应付职工薪酬的提取、结算、使用等情况。该科目的贷方登记已分配计入有关成本费用项目的职工薪酬的数额，借方登记实际发放职工薪酬的数额，包括扣还的款项等；该科目期末贷方余额，反映企业应付未付的职工薪酬。"应付职工薪酬"科目应当按照"工资""职工福利""社会保险费""住房公积金""工会经费""职工教育经费""非货币性福利"等应付职工薪酬项目设置明细科目，进行明细核算。应付职工薪酬的账务处理主要包括确认和发放两个方面。

1. 确认应付职工薪酬

（1）货币性职工薪酬

企业应当在职工为其提供服务的会计期间，根据职工提供服务的受益对象，将应确认的职工薪酬（包括货币性薪酬和非货币性福利）计入相关资产成本或当期损益，同时确认应付职工薪酬。具体分别以下情况处理：

生产部门人员的职工薪酬，借记"生产成本""制造费用""劳务成本"等科目，贷记"应付职工薪酬"科目；管理部门人员的职工薪酬，借记"管理费用"科目，贷记"应付职工薪酬"科目销售人员的职工薪酬，借记"销售费用"科目，贷记"应付职工薪酬"科目；应由在建工程、研发支出负担的职工薪酬，借记"在建工程""研发支出"科目，贷记"应付职工薪酬"科目。

企业在计量应付职工薪酬时，应当注意国家是否有相关的明确计提标准加以区别处理：一般而言，企业应向社会保险经办机构（或企业年金基金账户管理人）缴纳的医疗保险费、养老保险费、失业保险费、工伤保险费、生育保险费等社会保险费，应向住房公积金管理中心缴存的住房公积金，以及应向工会部门缴纳的工会经费等，国家（或企业年金计划）统一规定了计提基础和计提比例，应当按照国家规定的标准计提；而职工福利费等职工薪酬，国家（或企业年金计划）没有明确规定计提基础和计提比例，企业应当根据历史经验数据和实际情况，合理预计当期应付职工薪酬。当期实际发生金额大于预计金额的，应当补提应付职工薪酬；当期实际发生金额小于预计金额的，应当冲回多提的应付职工薪酬。

（2）非货币性职工薪酬

企业以其自产产品作为非货币性福利发放给职工的，应当根据受益对象，按照该产品的公允价值，计入相关资产成本或当期损益，同时确认应付职工薪酬，借记"管理费用""生产成本""制造费用"等科目，贷记"应付职工薪酬——非货币性福利"科目。

将企业拥有的房屋等资产无偿提供给职工使用的，应当根据受益对象，将该住房每期应计提的折旧计入相关资产成本或当期损益，同时确认应付职工薪酬，借记"管理费用""生产成本""制造费用"等科目，贷记"应付职工薪酬——非货币性福利"科目，并且同时借记"应付职工薪酬——非货币性福利"科目，贷记"累计折旧"科目。

租赁住房等资产供职工无偿使用的，应当根据受益对象，将每期应付的租金计入相关资产成本或当期损益，并确认应付职工薪酬，借记"管理费用""生产成本""制造费用"等科目，贷记"应付职工薪酬——非货币性福利"科目。

难以认定受益对象的非货币性福利，直接计入当期损益和应付职工薪酬。

2. 发放职工薪酬

（1）支付职工工资、奖金、津贴和补贴

企业按照有关规定向职工支付工资、奖金、津贴等，借记"应付职工薪酬——工资"科目，贷记"银行存款""库存现金"等科目；企业从应付职工薪酬中扣还的各种款项（代垫的家属药费、个人所得税等），借记"应付职工薪酬"科目，贷记"银行存款""库存现金""其他应收款""应交税费——应交个人所得税"等科目。

实务中，企业一般在每月发放工资前，根据"工资结算汇总表"中的"实发金额"栏的合计数向开户银行提取现金，借记"库存现金"科目，贷记"银行存款"科目，然后再向职工发放。

（2）支付职工福利费

企业向职工食堂、职工医院、生活困难职工等支付职工福利费时，借记"应付职工薪酬——职工福利"科目，贷记"银行存款""库存现金"等科目。

（3）支付工会经费、职工教育经费和缴纳社会保险费、住房公积金

企业支付工会经费和职工教育经费用于工会运作和职工培训，或按照国家有关规定缴纳社会保险费或住房公积金时，借记"应付职工薪酬——工会经费（或职工教育经费、社会保险费、住房公积金）"科目，贷记"银行存款""库存现金"等科目。

（4）发放非货币性福利

企业以自产产品作为职工薪酬发放给职工时，应确认主营业务收入，借记"应付职工——薪酬非货币性福利"科目，贷记"主营业务收入"科目，同时结转相关成本，涉及增值税销项税额的，还应进行相应的处理。

企业支付租赁住房等资产供职工无偿使用所发生的租金，借记"应付职工薪酬——非货币性福利"科目，贷记"银行存款"等科目。

五、应交税费

（一）应交税费概述

企业根据税法规定应交纳的各种税费包括：增值税、消费税、营业税、城市维护建设税、资源税、所得税、土地增值税、房产税、车船税、土地使用税、教育费附加、矿产资源补偿费、印花税、耕地占用税等。

企业应通过"应交税费"科目，总括反映各种税费的交纳情况，并按照应交税费的种类进行明细核算。该科目贷方登记应交纳的各种税费等，借方登记实际交纳的税费；期末余额一般在贷方，反映企业尚未交纳的税费，期末余额如在借方，反映企业多交或尚未抵扣的税费。

企业交纳的印花税、耕地占用税等不需要预计应交数的税金，不通过"应交税费"科目核算。

（二）应交增值税

1.增值税概述

增值税是以商品（含应税劳务）在流转过程中产生的增值额作为计税依据而征收的一

种流转税。按照我国增值税法的规定，增值税的纳税人是在我国境内销售货物、进口货物，或提供加工、修理修配劳务的企业单位和个人。按照纳税人的经营规模及会计核算的健全程度，增值税纳税人分为一般纳税人和小规模纳税人。一般纳税人应纳增值税税额根据当期销项税额减去当期进项税额计算确定；小规模纳税人应纳增值税税额，按照销售额和规定的征收率计算确定。

在税收征管上，从世界各国来看，一般都实行凭购物发票进行抵扣。按照《中华人民共和国增值税暂行条例》规定，企业购入货物或接受应税劳务支付的增值税（即进项税额），可从销售货物或提供劳务按规定收取的增值税（即销项税额）中抵扣。准予从销项税额中抵扣的进项税额通常包括：（1）从销售方取得的增值税专用发票上注明的增值税税额；（2）从海关取得的完税凭证上注明的增值税税额。

2. 一般纳税企业的账务处理

为了核算企业应交增值税的发生、抵扣、交纳、退税及转出等情况，应在"应交税费"科目下设置"应交增值税"明细科目，并在"应交增值税"明细账内设置"进项税额""已交税金""销项税额""出口退税""进项税额转出"等专栏。

（1）采购商品和接受应税劳务

企业从国内采购商品或接受应税劳务等，根据增值税专用发票上记载的应计入采购成本或应计入加工、修理修配等物资成本的金额，借记"固定资产""材料采购""在途物资""原材料""库存商品"或"生产成本""制造费用""委托加工物资""管理费用"等科目，根据增值税专用发票上注明的可抵扣的增值税税额，借记"应交税费——应交增值税（进项税额）"科目，按照应付或实际支付的总额，贷记"应付账款""应付票据""银行存款"等科目。购入货物发生的退货，作相反的会计分录。

根据修订后的增值税暂行条例，企业购进固定资产所支付的增值税税额34000元，允许在购置当期全部一次性扣除。

按照增值税暂行条例，企业购入免征增值税货物，一般不能够抵扣增值税销项税额。但是对于购入的免税农产品，可以按照买价和规定的扣除率计算进项税额，并准予从企业的销项税额中抵扣。企业购入免税农产品，按照买价和规定的扣除率计算进项税额，借记"应交税费——应交增值税（进项税额）"科目，按买价扣除按规定计算的进项税额后的差额，借记"材料采购""原材料""商品采购""库存商品"等科目，按照应付或实际支付的价款，贷记"应付账款""银行存款"等科目。

（2）进项税额转出

企业购进的货物发生非常损失，以及将购进货物改变用途（如用于非应税项目、集体福利或个人消费等），其进项税额应通过"应交税费——应交增值税（进项税额转出）"科目转入有关科目，借记"待处理财产损溢""在建工程""应付职工薪酬"等科目，贷记"应交税费——应交增值税（进项税额转出）"科目；属于转作待处理财产损失的进项税额,应与遭受非常损失的购进货物、在产品或库存商品的成本一并处理。

购进货物改变用途通常是指购进的货物在没有经过任何加工的情况下,对内改变用途的行为,如企业下属医务室等福利部门领用原材料等。

(3)销售物资或者提供应税劳务

企业销售货物或者提供应税劳务,按照营业收入和应收取的增值税税额,借记"应收账款""应收票据""银行存款"等科目,按专用发票上注明的增值税税额,贷记"应交税费——应交增值税(销项税额)"科目,按照实现的营业收入,贷记"主营业务收入""其他业务收入"等科目。发生的销售退回,做相反的会计分录。

此外,企业将自产、委托加工或购买的货物分配给股东,应当参照企业销售物资或者提供应税劳务进行会计处理。

(4)视同销售行为

企业的有些交易和事项从会计角度看不属于销售行为,不能确认销售收入,但是按照税法规定,应视同对外销售处理,计算应交增值税。视同销售需要交纳增值税的事项,如企业将自产或委托加工的货物用于非应税项目、集体福利或个人消费,将自产、委托加工或购买的货物作为投资、分配给股东或投资者、无偿赠送他人等。在这些情况下,企业应当借记"在建工程""长期股权投资""营业外支出"等科目,贷记"应交税费—应交增值税(销项税额)"科目等。

(5)交纳增值税

企业交纳的增值税,借记"应交税费——应交增值税(已交税金)"科目,贷记"银行存款"科目。"应交税费——应交增值税"科目的贷方余额,表示企业应交纳的增值税。

3.小规模纳税企业的账务处理

小规模纳税企业应当按照不含税销售额和规定的增值税征收率计算交纳增值税,销售货物或提供应税劳务时只能开具普通发票,不能开具增值税专用发票。小规模纳税企业不享有进项税额的抵扣权,其购进货物或接受应税劳务支付的增值税直接计入有关货物或劳务的成本。因此,小规模纳税企业只需在"应交税费"科目下设置"应交增值税"明细科目,不需要在"应交增值税"明细科目中设置专栏,"应交税费——应交增值税"科目贷方登记应交纳的增值税,借方登记已交纳的增值税;期末贷方余额为尚未交纳的增值税,借方余额为多交纳的增值税。

小规模纳税企业购进货物和接受应税劳务时支付的增值税,直接计入有关货物和劳务的成本,借记"材料采购""在途物资"等科目,贷记"银行存款"科目。

此外,企业购入材料不能取得增值税专用发票的,比照小规模纳税企业进行处理,发生的增值税计入材料采购成本,借记"材料采购""在途物资"等科目,贷记"银行存款"等科目。

（三）应交消费税

1. 消费税概述

消费税是指在我国境内生产、委托加工和进口应税消费品的单位和个人，按其流转额交纳的一种税。消费税有从价定率和从量定额两种征收方法。采取从价定率方法征收的消费税，以不含增值税的销售额为税基，按照税法规定的税率计算。企业的销售收入包含增值税的，应将其换算为不含增值税的销售额。采取从量定额计征的消费税，根据按税法确定的企业应税消费品的数量和单位应税消费品应缴纳的消费税计算确定。

2. 应交消费税的账务处理

企业应在"应交税费"科目下设置"应交消费税"明细科目，核算应交消费税的发交纳情况。该科目贷方登记应交纳的消费税，借方登记已交纳的消费税；期末贷方余额为尚未交纳的消费税，借方余额为多交纳的消费税。

（1）销售应税消费品

企业销售应税消费品应交的消费税，应借记"营业税金及附加"科目，贷记"应交税费——应交消费税"科目。

（2）自产自用应税消费品

企业将生产的应税消费品用于在建工程等非生产机构时，按规定应交纳的消费税，借记"在建工程"等科目，贷记"应交税费——应交消费税"科目。

（3）委托加工应税消费品

企业如有应交消费税的委托加工物资，一般应由受托方代收代缴税款，受托方按照应交税款金额，借记"应收账款""银行存款"等科目，贷记"应交税费——应缴消费税科目。受托加工或翻新改制金银首饰按照规定由受托方交纳消费税。

委托加工物资收回后，直接用于销售的，应将受托方代收代缴的消费税计入委托加工物资的成本，借记"委托加工物资"等科目，贷记"应付账款""银行存款"等科目；委托加工物资收回后用于连续生产的，按规定准予抵扣的，应按已由受托方代收代缴的消费税，借记"应交税费—应交消费税"科目，贷记"应付账款""银行存款"等科目。

（四）应交营业税

1. 营业税概述

营业税是对在我国境内提供应税劳务、转让无形资产或销售不动产的单位和个人征收的流转税。其中：应税劳务是指属于交通运输业、建筑业、金融保险业、邮电通信业、文化体育业、娱乐业、服务业税目征收范围内的劳务，不包括加工、修理修配等劳务；转让无形资产，是指转让无形资产的所有权或使用权的行为；销售不动产，是指有偿转让不动产的所有权，转让不动产的有限产权或永久使用权，以及单位将不动产无偿赠予他人等视同销售不动产的行为。

营业税以营业额作为计税依据。营业额是指纳税人提供应税劳务、转让无形资产和销售不动产而向对方收取的全部价款和价外费用。税率从3%～20%不等。

2.应交营业税的账务处理

企业应在"应交税费"科目下设置"应交营业税"明细科目，核算应交营业税的发生、交纳情况。该科目贷方登记应交纳的营业税，借方登记已交纳的营业税，期末贷方余额为尚未交纳的营业税。

企业按照营业额及其适用的税率，计算应交的营业税，借记"营业税金及附加"科目，贷记"应交税费——应交营业税"科目；企业出售不动产时，计算应交的营业税，借记"固定资产清理"等科目，贷记"应交税费——应交营业税"科目；实际交纳营业税时，借记"应交税费——应交营业税"科目，贷记"银行存款"科目。

（五）其他应交税费

其他应交税费是指除上述应交税费以外的应交税费，包括应交资源税、应交城市维护建设税、应交土地增值税、应交所得税、应交房产税、应交土地使用税、应交车船税、应交教育费附加、应交矿产资源补偿费、应交个人所得税等。企业应当在"应交税费"科目下设置相应的明细科目进行核算，贷方登记应交纳的有关税费，借方登记已交纳的有关税费，期末贷方余额表示尚未交纳的有关税费。

1.应交资源税

资源税是对在我国境内开采矿产品或者生产盐的单位和个人征收的税。资源税按照应税产品的课税数量和规定的单位税额计算。开采或生产应税产品对外销售的，以销售数量为课税数量；开采或生产应税产品自用的，以自用数量为课税数量。

对外销售应税产品应交纳的资源税应记入"营业税金及附加"科目，借记"营业税金及附加"科目，贷记"应交税费应交资源税"科目；自产自用应税产品应交纳的资源税应记入"生产成本""制造费用"等科目，借记"生产成本""制造费用"等科目，贷记"应交税费——应交资源税"科目。

3.应交教育费附加

教育费附加是为了发展教育事业而向企业征收的附加费用，企业按应交流转税的一定比例计算交纳。企业应交的教育费附加，借记"营业税金及附加"等科目，贷记"应交税费——应交教育费附加"科目。

4.应交房产税、土地使用税、车船税和矿产资源补偿费

房产税是国家对在城市、县城、建制县和工矿区征收的由产权所有人缴纳的一种税。房产税依照房产原值一次减除10%-30%后的余额计算交纳。没有房产原值作为依据的，

由房产所在地税务机关参考同类房产核定；房产出租的，以房产租金收入为房产税的计税依据。

土地使用税是国家为了合理利用城镇土地，调节土地级差收入，提高土地使用效益，加强土地管理而征收的一种税，以纳税人实际占用的土地面积为计税依据，依照规定税额计算征收。

车船税由拥有并且使用车船的单位和个人按照适用税额计算交纳。

矿产资源补偿费是对在我国领域和管辖海域开采矿产资源而征收的费用。矿产资源补偿费按照矿产品销售收入的一定比例计征，由采矿人交纳。

企业应交的房产税、土地使用税、车船税、矿产资源补偿费，记入"管理费用"科借记"管理费用"科目，贷记"应交税费——应交房产税（或应交土地使用税、应交车船税、应交矿产资源补偿费）"科目。

5. 应交个人所得税

企业按规定计算的代扣代缴的职工个人所得税，借记"应付职工薪酬"科目，贷记应交税费——应交个人所得税"科目；企业交纳个人所得税时，借记"应交税费——应交个人所得税"科目，贷记"银行存款"等科目。

第二节　非流动负债

一、非流动负债概述

非流动负债是指偿还期限大于1年或者1年以上的一个营业周期的债务，是向债权人筹集可供企业长期使用的资金。

（一）非流动负债的特点

非流动负债除具有负债的共同特点外，它与流动负债存在以下方面的不同点。

（1）偿还期不同。非流动负债的偿还期期限超过1年或一个营业周期；流动负债则需要在1年内或一个营业周期内偿还。

（2）举债的目的不同。举借非流动负债的目的一般是为了扩展经营规模，增加固定资产、无形资产等长期资产；而举借流动负债的目的一般是为了满足经营周转的需要。

（3）负债的数额不同。非流动负债的数额一般都比较大，流动负债的数额一般比较小。由于非流动负债的数额较大，所以企业必须按计划在非流动负债到期之前事先筹措偿债所需资金。

（4）非流动负债的部分借款费用要予以资本化。如果企业通过非流动负债形式筹集资金专门用于固定资产建设，所发生的在达到固定资产预定可使用状态前的借款费用可予以资本化问题。

非流动负债相对于投入股本（或资本）而言，对投资者有以下几个优点。

（1）举借非流动负债不影响企业原有的资本（或股权）结构。举借非流动负债不影响企业原有的资本，有利于保持原有投资者（或股东）控制企业的权力。作为股份有限公司一般也不会影响股票价格。增发股票将会稀释每股收益额，从而导致股票价格的下跌。

（2）举借非流动负债可以增加投资者（或股东）所得的盈余。长期债权人在企业的经营决策中通常没有表决权，不论企业经营状况如何，都将按照固定的利率获取利息，不参与企业剩余利益的分配。所以，如果企业经营所获得的投资利润率高于非流动负债的固定利率，剩余利益将全部归投资者（或股东）所有。

（3）分来的股利收入不能税前扣除。在缴纳所得税时，非流动负债的利息支出除资本化以外的利息，可以作为正常的经营费用从利润总额中扣减，但股利则只能在税后利润中支付，不能作为纳税扣减项目。

非流动负债对企业来说，无论企业经营状况如何，均需支付固定的利息费用；由于有固定的偿还期限，给企业造成到期还款的压力；债权人对企业财产有优先求偿权等。

（二）非流动负债的内容

非流动负债一般分为长期借款、长期债券、长期应付款和专项应付款等。

1. 长期借款

长期借款是指企业向银行和其他金融机构借入的、偿还期在1年或超过1年的一个营业周期以上的债务。它具有借款期限较长、到期无条件还本付息、债权人单一、所借款项不能进行交易等特点。

2. 长期债券

长期债券是企业对外发行并承诺于一定时期还本付息的一种长期借款性质的书面证明。公司债券一般具有期限较长、债券到期无条件还本付息、筹资范围大、能进行交易等特点。

3. 长期应付款

长期应付款是指企业除长期借款、长期债券以外的其他长期应付款项，主要包括以分期付款方式购入固定资产和无形资产发生的应付账款、应付融资租入固定资产的租赁费等。

4. 专项应付款

专项应付款主要包括企业取得的、国家指定为资本性投入的具有专项或特定用途的款项，如属于工程项目的资本性拨款等。

二、长期借款

（一）长期借款概述

长期借款是指企业向银行或其他金融机构借入的期限在1年以上（不含1年）的各项借款。一般用于固定资产的构建、改扩建工程、大修理工程、对外投资以及为了保持长期经营能力等方面。它是企业非流动负债的重要组成部分，必须加强管理与核算。

由于长期借款的使用关系到企业的生产经营规模和效益，企业除了要遵守有关的贷款规定、编制借款计划并要有不同形式的担保外，还应监督借款的使用、按期支付长期借款的利息以及按规定的期限归还借款本金等。因此，长期借款会计处理的基本要求是反映和监督企业长期借款的借入、借款利息的结算和借款本息的归还情况，促使企业遵守信贷纪律、提高信用等级，同时也要确保长期借款发挥效益。

（二）长期借款的账务处理

企业借入各种长期借款、按实际收到的款项，借记"银行存款"科目贷记"长期借款——本金"科目；按其差额，借记"长期借款——利息调整"科目。

在资产负债表日，企业应按长期借款的摊余成本和实际利率计算确定的长期借款的利息费用，借记"在建工程""财务费用""制造费用"等科目，按借款本金和合同利率计算确定的应付未付利息，贷记"应付利息"科目（对于一次还本付息的长期借款，贷记"长期借款——应计利息"科目），按其差额，贷记"长期借款——利息调整"科目。

企业归还长期借款，按归还的长期借款本金，借记"长期借款——本金"科目，按转销的利息调整金额，贷记"长期借款——利息调整"科目，按实际归还的款项，贷记"银行存款"科目，按其差额，借记"在建工程""财务费用""制造费用"等科目。

企业应通过"长期借款"科目，核算长期借款的借入、归还等情况。该科目可按照贷款单位和贷款种类设置明细账，分别"本金""利息调整"等进行明细核算。该科目的贷方登记长期借款本息的增加额，借方登记本息的减少额，贷方余额表示企业尚未偿还的长期借款。

长期借款的账务处理包括取得长期借款、发生利息、归还长期借款等环节。

1. 取得长期借款

企业借入长期借款，应按实际收到的金额，借记"银行存款"科目，贷记"长期借款——本金"科目；如存在差额，还应借记"长期借款——利息调整"科目。

2. 长期借款利息

长期借款利息费用应当在资产负债表日按照实际利率法计算确定，实际利率与合同利率差异较小的，也可以采用合同利率计算确定利息费用。长期借款计算确定的利息费用，应当按以下原则计入有关成本、费用：属于筹建期间的，计入管理费用；属于生产经营期间的，计入财务费用。如果长期借款用于购建固定资产等符合资本化条件的资产，在资产尚未达到预定可使用状态前，所发生的利息支出数应当资本化，计入在建工程等相关资产成本；资产达到预定可使用状态后发生的利息支出，以及按规定不予资本化的利息支出，计入财务费用。长期借款按合同利率计算确定的应付未付利息，记入"应付利息"科目，借记在建工程""制造费用""财务费用""研发支出"等科目，贷记"应付利息"科目。

3. 归还长期借款

企业归还长期借款的本金时，应按归还的金额，借记"长期借款——本金"科目，贷记"银行存款"科目；按归还的利息，借记"应付利息"科目，贷记"银行存款"科目。

三、应付债券

（一）应付债券概述

应付债券是指企业为筹集（长期）资金而发行的债券。债券是企业为筹集长期使用资金而发行的一种书面凭证。企业通过发行债券取得资金是以将来履行归还购买债券者的本金和利息的义务作为保证的。企业应当设置"企业债券备查簿"，详细登记每一企业债券的票面金额、债券票面利率、还本付息期限与方式、发行总额、发行日期和编号、委托代售单位、转换股份等资料。企业债券到期结清时，应当在备查簿内逐笔注销。

企业债券发行价格的高低一般取决于债券票面金额、债券票面利率、发行当时的市场利率以及债券期限的长短等因素。债券发行有面值发行、溢价发行和折价发行三种情况企业债券按其面值出售的，称为面值发行。此外，债券还可能按低于或高于其面值的价格出售，即折价发行和溢价发行。折价发行是指债券以低于其面值的价格发行；而溢价发行则是指债券按高于其面值的价格发行。

（二）应付债券的账务处理

企业应设置"应付债券"科目，并在该科目下设置"面值""利息调整""应计利息"等明细科目，核算应付债券发行、计提利息、还本付息等情况。该科目贷方登记应付债券的本金和利息，借方登记归还的债券本金和利息，期末贷方余额表示企业尚未偿还的长期债券。

1. 发行债券

企业发行的一年期以上的债券，构成了企业的非流动负债。公司债券的发行方式有三种，即面值发行、溢价发行、折价发行。假设其他条件不变，债券的票面利率高于市场和率时，可按超过债券票面价值的价格发行，称为溢价发行，溢价是企业以后各期多付利息而事先得到的补偿；如果债券的票面利率低于市场利率，可按低于债券票面价值的价格发行，称为折价发行，折价是企业以后各期少付利息而预先给投资者的补偿；如果债券的票面利率与市场利率相同，可按票面价值的价格发行，称为面值发行。溢价或折价实质上是发行债券企业在债券存续期内对利息费用的一种调整。

无论是按面值发行，还是按溢价发行或折价发行，企业均应按债券面值记入"应付债券——面值"科目，实际收到的款项与面值的差额记入"应付债券——利息调整"科目。企业发行债券时，按实际收到的款项，借记"银行存款"等科目，按债券票面价值，贷记"应付债券-面值"科目，按实际收到的款项与票面价值之间的差额，贷记或借记"应付债券-利息调整"科目。企业按面值发行债券时，应按实际收到的金额，借记"银行存款"等科目，按债券票面金额，贷记"应付债券——面值"科目；存在差额的，还应借记或贷记"应付债券——利息调整"科目。

2. 发生债券利息

利息调整应在债券存续期间内采用实际利率法进行摊销。

企业发行的债券通常分为到期一次还本付息或分期付息、一次还本两种。资产负债表，对于分期付息、一次还本的债券，企业应按应付债券的摊余成本和实际利率计算确定的债券利息费用，借记"在建工程""制造费用""财务费用"等科目，按票面利率计算确定的应付未付利息，贷记"应付利息"科目，按其差额，借记或贷记"应付债券——利息调整"科目。

对于一次还本付息的债券，企业应于资产负债表按摊余成本和实际利率计算确定的债券利息费用，借记"在建工程""制造费用""财务费用"等科目，按票面利率计算确定的应付未付利息，贷记"应付债券－应计利息"科目，按其差额，借记或贷记"应付债券——利息调整"科目。

发行长期债券的企业，应按期计提利息。对于按面值发行的债券，在每期采用票面利率计算计提利息时，应当按照与长期借款相一致的原则计入有关成本费用，借记"在建工程""制造费用""财务费用""研发支出"等科目；其中，对于分期付息、到期一次还本的债券，其按票面利率计算确定的应付未付利息通过"应付利息"科目核算，对于一次还本付息的债券，其按票面利率计算确定的应付未付利息通过"应付债券——应计利息"科目核算。应付债券按实际利率（实际利率与票面利率差异较小时也可按票面利率）计算确定的利息费用，应按照与长期借款相一致的原则计入有关成本、费用。

3. 债券的偿还

采用一次还本付息方式的，企业应于债券到期支付债券本息时，借记"应付债券——面值""应付债券——应计利息"科目，贷记"银行存款"科目。采用一次还本、分期付息方式的，在每期支付利息时，借记"应付利息"科目，贷记"银行存款"科目；债券到期偿还本金并支付最后一期利息时，借记"应付债券——面值""在建工程""财务费用""制造费用"等科目，贷记"银行存款"科目，按其差额，借记或贷记"应付债券——利息调整"科目。

长期债券到期,企业支付债券本息时,借记"应付债券——面值"和"应付债券——应计利息""应付利息"等科目,贷记"银行存款"等科目。

四、长期应付款

长期应付款,是指企业除长期借款和应付债券以外的其他各种长期应付款项,包括应付融资租入固定资产的租赁费、以分期付款方式购入固定资产发生的应付款项等业应设置"长期应付款"账户,用以核算企业融资租入固定资产和以分期付款方式购入固定资产时应付的款项及偿还情况。该账户可按长期应付款的种类和债权人进行明细核算。

(一)应付融资租赁款

应付融资租赁款,是指企业融资租入固定资产而发生的应付款,是在租赁开始日承租人应向出租人支付的最低租赁付款额。

融资租入固定资产时,在租赁开始日,按应计入固定资产成本的金额(租赁开始日租赁资产公允价值与最低租赁付款额现值两者中较低者,加上初始直接费用)借记"在建工程"或"固定资产"账户,按最低租赁付款额,贷记"长期应付款"账户,按发生的初始直接费用,贷记"银行存款"等账户,按其差额,借记"未确认融资费用"账户。按期支付融资租赁费时,借记"长期应付款——应付融资租赁款"账户,贷记"银行存款"账户企业在计算最低租赁付款额的现值时,能够取得出租人租赁内含利率的,应当采用租赁内含利率作为折现率;否则,应当采用租赁合同规定的利率作为折现率。企业无法取得出租人的租赁内含利率且租赁合同没有规定利率的,应当采用同期银行贷款利率作为折现率。租赁内含利率,是指在租赁开始日,使最低租赁收款额的现值与未担保余值的现值之和等于租赁资产公允价值与出租人的初始直接费用之和的折现率。

未确认融资费用应当在租赁期内各个期间进行分摊。企业应当采用实际利率法计算确认当期的融资费用。

(二)具有融资性质的延期付款购买资产

企业购买资产有可能延期支付有关价款。如果延期支付的购买价款超过正常信用条件,实质上具有融资性质的,所购资产的成本应当以延期支付购买价款的现值为基础确定。实际支付的价款与购买价款的现值之间的差额,应当在信用期间内采用实际利率法进行摊销,计入相关资产成本或当期损益。具体来说,企业购入资产超过正常信用条件延期付款实质上具有融资性质时,应按购买价款的现值,借记"固定资产""在建工程"等科目,按应支付的价款总额,贷记"长期应付款"科目,按其差额,借记"未确认融资费用"科目。

第四章 所有者权益

所有者权益是指企业资产扣除负债后由所有者享有的剩余权益。公司所有者权益又称为股东权益。所有者权益具有以下特征。

（1）除非发生减资、清算或分派现金股利，企业不需要偿还所有者权益。

（2）企业清算时，只有在清偿所有的负债后，所有者权益才返还给所有者。

（3）所有者凭借所有者权益能够参与企业利润的分配。

第一节 实收资本

一、实收资本概述

实收资本是指企业按照章程规定或合同、协议约定，接受投资者投入企业的资本。实收资本的构成比例或股东的股份比例，是确定所有者在企业所有者权益中份额的基础，也是企业进行利润或股利分配的主要依据。

我国《公司法》规定，股东可以用货币出资，也可以用实物、知识产权、土地使用权等可以用货币估价并可以依法转让的非货币财产作价出资；但法律、行政法规规定不得作为出资的财产除外。企业应当对作为出资的非货币财产评估作价，核实财产，不得高估或者低估作价。法律、行政法规对评估作价有规定的，从其规定。全体股东的货币出资金额不得低于有限责任公司注册资本的30%。不论以何种方式出资，投资者如在投资过程中违反投资合约或协议约定，不按规定如期缴足出资额，企业可以依法追究投资者的违约责任。

企业收到所有者投入企业的资本后，应根据有关原始凭证（如投资清单、银行通知单等），分别不同的出资方式进行会计处理。

二、实收资本的账务处理

（一）接受现金资产投资

1. 股份有限公司以外的企业接受现金资产投资

【例4-1】甲、乙、丙共同投资设立A有限责任公司，注册资本为200000元，甲、乙、丙持股比例分别为60%、25%和15%。按照章程规定，甲、乙、丙投入资本分别为1200000元、500000元和300000元。A有限责任公司已如期收到各投资者一次缴足的款项。A有限责任公司应编制如下会计分录：

借：银行存款 2000000
贷：实收资本——甲 1200000
　　　　　　——乙 500000
　　　　　　——丙 300000

实收资本的构成比例即投资者的出资比例或股东的股份比例，通常是确定所有者在企业所有者权益中所占的份额和参与企业生产经营决策的基础，也是企业进行利润分配或股利分配的依据，同时还是企业清算时确定所有者对净资产的要求权的依据。

2.股份有限公司接受现金资产投资

股份有限公司发行股票时，既可以按面值发行股票，也可以溢价发行（我国目前不允许折价发行）。股份有限公司在核定的股本总额及核定的股份总额的范围内发行股票时，应在实际收到现金资产时进行会计处理。

【例4-2】甲股份有限公司发行普通股10000000股，每股面值1元，每股发行价格5元。假定股票发行成功，股款50000000元已全部收到，不考虑发行过程中的税费等因素。根据上述资料，甲股份有限公司应作如下账务处理：

应计入"资本公积"科目的金额 = 50000000 - 1000000×1 = 4000000（元）

应编制如下会计分录：

借：银行存款 50000000
贷：股本 10000000
　　资本公积——股本溢价 40000000

在本例中，甲股份有限公司发行股票实际收到的款项为50000000元，应借记"银行存款"科目；实际发行的股票面值总额为10000000元，应贷记"股本"科目，按其差额，贷记"资本公积——股本溢价"科目。

（二）接受非现金资产投资

1.接受投入固定资产

企业接受投资者作价投入的房屋、建筑物、机器设备等固定资产，应按投资合同或协议约定价值确定固定资产价值（但投资合同或协议约定价值不公允的除外）和在注册资本中应享有的份额。

【例4-3】甲有限责任公司于设立时收到乙公司作为资本投入的不需要安装的机器设备一台，合同约定该机器设备的价值为2000000元，增值税进项税额为340000元（由投资方支付税款，并提供或开具增值税专用发票）。经约定，甲有限责任公司接受乙公司的投入资本为2340000元。合同约定的固定资产价值与公允价值相符，不考虑其他因素。甲公司应编制如下会计分录：

借：固定资产 2000000
应交税费——应交增值税（进项税额）340000
贷：实收资本——乙公司 2340000

本例中，该项固定资产合同约定的价值与公允价值相符，甲有限责任公司接受乙公司投入的固定资产按合同约定金额与增值税进项税额作为实收资本，因此，可按 2340000 元的金额贷记"实收资本"科目。

2. 接受投入材料物资

企业接受投资者作价投入的材料物资，应按投资合同或协议约定价值确定材料物资价值（但投资合同或协议约定价值不公允的除外）和在注册资本中享有的份额

【例 4-4】乙有限责任公司于设立时收到 B 公司作为资本投入的一批原材料，该批原材料投资合同或协议约定价值（不含可抵扣的增值税进项税额部分）为 100000 元，增值税进项税额为 17000 元（由投资方支付税款，并提供或开具增值税专用发票）。假设合同约定的价值与公允价值相符，不考虑其他因素，原材料按实际成本进行日常核算。乙有限责任公司应编制如下会计分录：

借：原材料 100000
应交税费——应交增值税（进项税额）17000
贷：实收资本——B 公司 117000

在本例中，原材料的合同约定价值与公允价值相符，因此，可按照 100000 元的金额借记"原材料"科目；同时，该进项税额允许抵扣，因此，增值税专用发票上注明的增值税税额 17000 元，应借记"应交税费——应交增值税（进项税额）"科目。乙有限责任公司接受的 B 公司投入的原材料按合同约定金额与增值税进项税额之和作为实收资本，因此可按 117000 元的金额贷记"实收资本"科目。

3. 接受投入无形资产

企业收到以无形资产方式投入的资本，应按投资合同或协议约定价值确定无形资产价值（但投资合同或协议约定价值不公允的除外）和在注册资本中应享有的份额。

【例 4-5】丙有限责任公司于设立时收到 A 公司作为资本投入的非专利技术一项，该非专利技术投资合同约定价值为 60000 元；同时收到 B 公司作为资本投入的土地使用权项，投资合同约定价值为 80000 元。假设丙公司接受该非专利技术和土地使用权符合国家注册资本管理的有关规定，可按合同约定作实收资本入账，合同约定的价值与公允价值相符，不考虑其他因素。丙有限责任公司应编制如下会计分录：

借：无形资产——非专利技术 60000
　　　　——土地使用权 8000
贷：实收资本——A 公司 60000
　　　　——B 公司 80000

在本例中，非专利技术与土地使用权的合同约定价值与公允价值相符，因此，可分别按照60000元和80000元的金额借记"无形资产"科目。A、B公司投入的非专利技术和土地使用权按合同约定金额作为实收资本，因此可分别按60000元和80000元的金额贷记"实收资本"科目。

（三）实收资本（或股本）的增减变动

在一般情况下，企业的实收资本应相对固定不变，但在某些特定情况下，实收资本也可能发生增减变化。我国企业法人登记管理条例规定，除国家另有规定外，企业的注册资金应当与实收资本相一致，当实收资本比原注册资金增加或减少的幅度超过20%时，应持资金使用证明或者验资证明，向原登记主管机关申请变更登记。如擅自改变注册资本或抽逃资金，要受到工商行政管理部门的处罚。

1. 实收资本（或股本）的增加

一般企业增加资本主要有三个途径：接受投资者追加投资、资本公积转增资本和盈余公积转增资本。

需要注意的是，由于资本公积和盈余公积均属于所有者权益，用其转增资本时，如果是独资企业比较简单，直接结转即可。如果是股份有限公司或有限责任公司应该按照原投资者各自出资比例相应增加各投资者的出资额。

【例4-6】甲、乙、丙三人共同投资设立了A有限责任公司，原注册资本为4000000元，甲、乙、丙分别出资500000元、2000000元和1500000元。为扩大经营规模，经批准，A有限责任公司注册资本扩大为5000000元，甲、乙、丙按照原出资比例分别追加投资125000元、500000元和375000元。A有限责任公司如期收到甲、乙、丙追加的现金投资。A有限责任公司应编制如下会计分录：

借：银行存款 1000000
贷：实收资本——甲 125000
　　　　　　——乙 500000
　　　　　　——丙 375000

在本例中，甲、乙、丙三人按原出资比例追加实收资本，因此，A有限责任公司应分别按照125000元、500000元和375000元的金额贷记"实收资本"科目中甲、乙、丙明细分类账。

2. 实收资本（或股本）的减少

企业减少实收资本应按法定程序报经批准，股份有限公司采用收购本公司股票方式减资的，通过"库存股"科目核算回购股份的金额。减资时，按股票面值和注销股数计算的股票面值总额冲减股本，按注销库存股的账面余额与所冲减股本的差额冲减股本溢价，股本溢价不足冲减的，应依次冲减"盈余公积""利润分配——未分配利润"等科目。如果回购股票支付的价款低于面值总额的，所注销库存股的账面余额与所冲减股本的差额作为增加资本公积（股本溢价）处理。

【例 4-7】A 上市公司 2012 年 12 月 31 日的股本为 10000000 元（面值为 1 元），资本公积（股本溢价）为 3000000 元，盈余公积为 40000000 元。经股东大会批准，A 上市公司以现金回购本公司股票 20000000 股并注销。假定 A 上市公司按每股 2 元回购股票，不考虑其他因素。A 上市公司应编制如下会计分录：

①回购本公司股份时：

借：库存股 40000000

贷：银行存款 40000000

库存股成本 = 20000000 × 2 = 40000000（元）

②注销本公司股份时：

借：股本 20000000

资本公积 20000000

贷：库存股 40000000

应冲减的资本公积 = 20000000 × 2 - 20000000 × 1 = 20000000（元）

第二节　资本公积

一、资本公积概述

（一）资本公积的来源

资本公积是企业收到投资者出资额超出其在注册资本（或股本）中所占份额的部分，以及其他资本公积等。资本公积包括资本溢价（或股本溢价）和其他资本公积等。形成资本溢价（或股本溢价）的原因有溢价发行股票、投资者超额缴入资本等。其他资本公积是指除净损益、其他综合收益和利润分配以外所有者权益的其他变动。如企业的长期股权投资采用权益法核算时，因被投资单位除净损益、其他综合收益和利润分配以外所有者权益的其他变动，投资企业按应享有份额而增加或减少的资本公积。

企业根据国家有关规定实行股权激励的，如果在等待期内取消了授予的权益工具，企业应在进行权益工具加速行权处理时，将剩余等待期内应确认的金额立即计入当期损益，并同时确认资本公积。企业集团（由母公司和其全部子公司构成）内发生的股份支付交易，如结算企业是接受服务企业的投资者，应当按照授予日权益工具的公允价值或应承担负债的公允价值确认为对接受服务企业的长期股权投资，同时确认资本公积（其他资本公积）或负债。

资本公积的核算包括资本溢价（或股本溢价）的核算、其他资本公积的核算和资本公积转增资本的核算等内容。

(二) 资本公积与实收资本 (或股本)、留存收益的区别

1. 资本公积与实收资本 (或股本) 的区别

(1) 从来源和性质看。实收资本 (或股本) 是指投资者按照企业章程或合同、协议的约定,实际投入企业并依法进行注册的资本,它体现了企业所有者对企业的基本产权关系。资本公积是投资者的出资额超出其在注册资本中所占份额的部分,以及直接计入所有者权益的利得和损失,它不直接表明所有者对企业的基本产权关系。

(2) 从用途看。实收资本 (或股本) 的构成比例是确定所有者参与企业财务经营决策的基础,也是企业进行利润分配或股利分配的依据,同时还是企业清算时确定所有者对净资产的要求权的依据。资本公积的用途主要是用来转增资本 (或股本)。资本公积不体现各所有者的占有比例,也不能作为所有者参与企业财务经营决策或进行利润分配 (或股利分配) 的依据。

2. 资本公积与留存收益的区别

资本公积的来源不是企业实现的利润,而主要来自资本溢价 (或股本溢价) 等。留存收益是企业从历年实现的利润中提取或形成的留存于企业的内部积累,来源于企业生产经营活动实现的利润。

二、资本公积的账务处理

(一) 资本溢价 (或股本溢价)

1. 资本溢价

除股份有限公司外的其他类型的企业,在企业创立时,投资者认缴的出资额与注册资本一致,一般不会产生资本溢价。但在企业重组或有新的投资者加入时,常常会出现资本溢价。因为在企业进行正常生产经营后,其资本利润率通常要高于企业初创阶段,另外,企业有内部积累,新投资者加入企业后,对这些积累也要分享,所以新加入的投资者往往要付出大于原投资者的出资额,才能取得与原投资者相同的出资比例。投资者多缴的部分就形成了资本溢价。

【例4-8】A有限责任公司由两位投资者投资200000元设立,每人各出资100000元。一年后,为扩大经营规模,经批准,A有限责任公司注册资本增加到300000元,并引入第三位投资者加入。按照投资协议,新投资者需缴入现金110000元,同时享有该公司1/3的股份。A有限责任公司已收到该现金投资。假定不考虑其他因素。A有限责任公司应编制如下会计分录:

借:银行存款 110000

贷：实收资本 100000

　　资本公积——资本溢价 10000

在本例中，A 有限责任公司收到第三位投资者的现金投资 110000 元中，100000 元属于第三位投资者在注册资本中所享有的份额，应计入"实收资本"科目，10000 元属于资本溢价，应计入"资本公积——资本溢价"科目。

2.股本溢价

股份有限公司是以发行股票的方式筹集股本的，股票可按面值发行，也可按溢价发行，我国目前不准折价发行。与其他类型的企业不同，股份有限公司在成立时可能会溢价发行股票，因而在成立之初，就可能会产生股本溢价。股本溢价的数额等于股份有限公司发行股票时实际收到的款额超过股票面值总额的部分。

在按面值发行股票的情况下，企业发行股票取得的收入，应全部作为股本处理；在溢价发行股票的情况下，企业发行股票取得的收入，等于股票面值部分作为股本处理，超出股票面值的溢价收入应作为股本溢价处理。

发行股票相关的手续费、佣金等交易费用，如果是溢价发行股票的，应从溢价中抵扣，冲减资本公积（股本溢价）；无溢价发行股票或溢价金额不足以抵扣的，应将不足抵扣的部分冲减盈余公积和未分配利润。

【例4-9】甲股份有限公司首次公开发行了普通股 50000000 股，每股面值 1 每股发行价格为 4 元。甲股份有限公司与证券公司约定，按发行收入的 3% 收取佣金，从发行收入中扣除。假定收到的股款已存入银行。甲股份有限公司应编制如下会计分录：

公司收到证券公司转来的发行收入 = 50000000 × 4 ×（1 − 3%）= 194000000（元）

应计入"资本公积"科目的金额 = 溢价收入 − 发行佣金 = 5000000 ×（4 − 1）− 5000000 × 4 × 3% = 144000000（元）

借：银行存款 194000000

　　贷：股本 50000000

　　　　资本公积——股本溢价 144000000

（二）其他资本公积

本书以因被投资单位除净损益、其他综合收益和利润分配以外的所有者权益的其他变动为例，介绍相关的其他资本公积的核算。

企业对被投资单位的长期股权投资采用权益法核算的，在持股比例不变的情况下，对因被投资单位除净损益、其他综合收益和利润分配以外的所有者权益的其他变动，应按持股比例计算其应享有或应分担被投资单位所有者权益的增减数额。在处置长期股权投资时，应转销与该笔投资相关的其他资本公积。

【例4-10】C 有限责任公司于 2015 年 1 月 1 日向 F 公司投资 8000000 元，拥有该公司 20% 的股份，并对该公司有重大影响，因而对 F 公司长期股权投资采用权益法核算。

2015 年 12 月 31 日，F 公司除净损益、其他综合收益和利润分配之外的所有者权益增加了 1000000 元。假定除此以外，F 公司的所有者权益没有变化，C 有限责任公司的持股比例没有变化，F 公司资产的账面价值与公允价值一致。不考虑其他因素，C 有限责任公司应编制如下会计分录：

借：长期股权投资——F 公司 200000
贷：资本公积——其他资本公积 200000

C 有限责任公司对 F 公司投资增加的资本公积 = 1000000 × 20% = 200000（元）

本例中，C 有限责任公司对 F 公司的长期股权投资采用权益法核算，持股比例未发生变化，F 公司发生了除净损益、其他综合收益和利润分配之外的所有者权益的其他变动，C 有限责任公司应按其持股比例计算应享有的 F 公司权益的数额 200000 元作为增加其他资本公积处理。

（三）资本公积转增资本

经股东大会或类似机构决议，用资本公积转增资本时，应冲减资本公积，同时按照转增资本前的实收资本（或股本）的结构或比例，将转增的金额记入"实收资本"（或"股本"）科目下各所有者的明细分类账。

第三节　留存收益

一、留存收益概述

留存收益是指企业从历年实现的利润中提取或形成的留存于企业的内部积累，包括盈余公积和未分配利润两类。

盈余公积是指企业按照有关规定从净利润中提取的积累资金。公司制企业的盈余公积包括法定盈余公积和任意盈余公积。法定盈余公积是指企业按照规定的比例从净利润中提取的盈余公积。任意盈余公积是指企业按照股东会或股东大会决议提取的盈余公积。

企业提取的盈余公积经批准可用于弥补亏损、转增资本或发放现金股利或利润等。

未分配利润是指企业实现的净利润经过弥补亏损、提取盈余公积和向投资者分配利润后留存在企业的、历年结存的利润。相对于所有者权益的其他部分来说，企业对于未分配利润的使用有较大的自主权。

二、留存收益的账务处理

（一）利润分配

利润分配是指企业根据国家有关规定和企业章程、投资者协议等，对企业当年可供分配的利润所进行的分配。

可供分配的利润＝当年实现的净利润（或净亏损）＋年初未分配利润（或－年初未弥补亏损）＋其他转入

利润分配的顺序依次是：提取法定盈余公积；提取任意盈余公积；向投资者分配利润。

企业应通过"利润分配"科目，核算企业利润的分配（或亏损的弥补）和历年分配（或弥补）后的未分配利润（或未弥补亏损）。该科目应分别"提取法定盈余公积""提取任意盈余公积""应付现金股利或利润""盈余公积补亏""未分配利润"等进行明细核算。企业未分配利润通过"利润分配——未分配利润"明细科目进行核算。年度终了，企业应将全年实现的净利润或发生的净亏损，自"本年利润"科目转入"利润分配——未分配利润"科目，并将"利润分配"科目所属其他明细科目的余额，转入"未分配利润"明细科目。结转后，"利润分配——未分配利润"科目如为贷方余额，表示累积未分配的利润数额；如为借方余额，则表示累积未弥补的亏损数额。

【例4-11】甲股份有限公司年初未分配利润为0元，本年实现净利润2000000元，本年提取法定盈余公积200000元，宣告发放现金股利800000元，假定不考虑其他因素。甲股份有限公司应编制如下会计分录：

（1）结转实现净利润时：

借：本年利润 2000000

　　贷：利润分配——未分配利润 2000000

如企业当年发生亏损，则应借记"利润分配——未分配利润"科目，贷记"本年利润"科目。

（2）提取法定盈余公积、宣告发放现金股利时：

借：利润分配——提取法定盈余公积 200000

　　　　　　——应付现金股利 800000

　　贷：盈余公积 200000

　　　　应付股利 800000

（3）将"利润分配"科目所属其他明细科目的余额结转至"未分配利润"明细科目：

借：利润分配——未分配利润 1000000

　　贷：利润分配——提取法定盈余公积 200000

　　　　应付现金股利 800000

结转后如果"未分配利润"明细科目的余额在贷方，表示累积未分配的利润。如果余额在借方,则表示累积未弥补的亏损。本例中,"利润分配——未分配利润"明细科目的余额在贷方,此贷方余额 100000 元(本年利润 - 提取法定盈余公积 - 应付现金股利)即为 D 股份有限公司本年年末的累计未分配利润。

(二)盈余公积

按照《公司法》有关规定,公司制企业应按照净利润(减弥补以前年度亏损,下同)的 10% 提取法定盈余公积。非公司制企业法定盈余公积的提取比例可超过净利润的 10%。法定盈余公积累计额已达注册资本的 50% 时可以不再提取。值得注意的是,如果以前年度未分配利润有盈余(即年初未分配利润余额为正数),在计算提取法定盈余公积的基数时,不应包括企业年初未分配利润;如果以前年度有亏损(即年初未分配利润余额为负数),应先弥补以前年度亏损再提取盈余公积。

公司制企业可根据股东会或股东大会的决议提取任意盈余公积。非公司制企业经类似权力机构批准,也可提取任意盈余公积。法定盈余公积和任意盈余公积的区别在于其各自计提的依据不同,前者以国家的法律法规为依据;后者由企业的权力机构自行决定。企业提取的盈余公积经批准可用于弥补亏损、转增资本、发放现金股利或利润等。

1. 提取盈余公积

企业按规定提取盈余公积时,应通过"利润分配"和"盈余公积"等科目核算。

【例 4-12】甲股份有限公司本年实现净利润为 5000000 元,年初未分配利润为 0 元。经股东大会批准,甲股份有限公司按当年净利润的 10% 提取法定盈余公积。假定不考虑其他因素。甲股份有限公司应编制如下会计分录:

借:利润分配——提取法定盈余公积 500000
贷:盈余公积——法定盈余公积 500000

本年提取法定盈余公积金额 = 5000000 × 10% = 500000(元)

2. 盈余公积补亏

【例 4-13】经股东大会批准,甲股份有限公司用以前年度提取的盈余公积弥补当年亏损,当年弥补亏损的数额为 600000 元。假定不考虑其他因素。甲股份有限公司应编制如下会计分录:

借:盈余公积 600000
贷:利润分配盈余公积补亏 600000

3. 盈余公积转增资本

【例 4-14】因扩大经营规模需要,经股东大会批准,甲股份有限公司将盈余公积 400000 元转增股本。假定不考虑其他因素。甲股份有限公司应编制如下会计分录:

借:盈余公积 400000
贷:股本 400000

4. 用盈余公积发放现金股利或利润

【例4-15】甲股份有限公司2012年12月31日股本为5000000元（每股面值1元），可供投资者分配的利润为5000000元，盈余公积为20000000元。2013年3月20日，股东大会批准了2012年度利润分配方案，按每10股2元发放现金股利。甲公司共需要分派1000000元现金股利，其中动用可供投资者分配的利润5000000元、盈余公积5000000元。假定不考虑其他因素。甲股份有限公司应编制如下会计分录：

①发放现金股利时：

借：利润分配——应付现金股利 5000000

　　盈余公积 5000000

　　贷：应付股利 10000000

②支付股利时：

借：应付股利 10000000

　　贷：银行存款 10000000

在本例中，甲股份有限公司经股东大会批准，以未分配利润和盈余公积发放现金股利，其中，属于以未分配利润发放现金股利的部分5000000元应记入"利润分配——应付现金股利"科目，属于以盈余公积发放现金股利的部分5000000元应计入"盈余公积"科目。

第五章 收入、费用和利润

第一节 收入

收入是指企业在日常活动中形成的、会导致所有者权益增加的、与所有者投入资本无关的经济利益的总流入。收入按企业从事日常活动的性质不同，分为销售商品收入、提供劳务收入和让渡资产使用权收入。收入按企业经营业务的主次不同，分为主营业务收入和其他业务收入。主营业务收入是指企业为完成其经营目标所从事的经常性活动所实现的收入。其他业务收入是指企业为完成其经营目标所从事的与经常性活动相关的活动实现的收入。

一、销售商品收入

销售商品收入的会计处理主要涉及一般销售商品业务、已经发出商品但不符合收入确认条件的销售业务、销售折让、销售退回、采用预收款方式销售商品、采用支付手续费方式委托代销商品等情况。

（一）销售商品收入的确认

销售商品收入同时满足下列条件的，才能予以确认。

（1）企业已将商品所有权上的主要风险和报酬转移给购货方企业已将商品所有权上的主要风险和报酬转移给购货方，是指与商品所有权有关的主要风险和报酬同时转移。与商品所有权有关的风险，是指商品可能发生减值或损毁等形成的损失；与商品所有权有关的报酬，是指商品增值或通过使用商品等形成的经济利益。企业已将商品所有权上的主要风险和报酬转移给购货方，构成确认销售商品收入的重要条件。

判断企业是否已将商品所有权上的主要风险和报酬转移给购货方，应当关注交易的实质，并结合所有权凭证的转移进行判断。如果与商品所有权有关的任何损失均不需要销货方承担，与商品所有权有关的任何经济利益也不归销货方所有，就意味着商品所有权上的主要风险和报酬转移给了购货方。

（2）企业既没有保留通常与所有权相联系的继续管理权，也没有对已售出的商品实施有效控制。在通常情况下，企业售出商品后不再保留与商品所有权相联系的继续管理权，也不再对售出商品实施有效控制，商品所有权上的主要风险和报酬已经转移给购货方，通常应在发出商品时确认收入。如果企业在商品销售后保留了与商品所有权相联系的继续管理权，或能够继续对其实施有效控制，说明商品所有权上的主要风险和报酬没有转移，销售交易不能成立，不能确认收入，如售后租回。

（3）相关的经济利益很可能流入企业在销售商品的交易中，与交易相关的经济利益主要表现为销售商品的价款。相关的经济利益很可能流入企业，是指销售商品价款收回的可能性大于不能收回的可能性，即销售商品价款收回的可能性超过50%。企业在销售商品时，如估计销售价款不是很有可能收回，即使收入确认的其他条件均已满足，也不应当确认收入。

企业在确定销售商品价款收回的可能性时，应当结合以前和买方交往的直接经验、政府有关政策、其他方面取得信息等因素进行分析。企业销售的商品符合合同或协议要求，已将发票账单交付买方，买方承诺付款，通常表明相关的经济利益很可能流入企业。如果企业判断销售商品收入满足确认条件而予以确认，同时确认了一笔应收债权，以后由于购货方资金周转困难无法收回该债权时，不应调整原会计处理，而应对该债权计提坏账准备、确认坏账损失。如果企业根据以前与买方交往的直接经验判断买方信誉较差，或销售时得知买方在另一项交易中发生了巨额亏损、资金周转十分困难，或在出口商品时不能肯定进口企业所在国政府是否允许将款项汇出等，就可能会出现与销售商品相关的经济利益不能流入企业的情况，不应确认收入。

（4）收入的金额能够可靠地计量是指收入的金额能够合理地估计。收入金额能否合理地估计是确认收入的基本前提，如果收入的金额不能够合理估计，就无法确认收入。企业在销售商品时，商品销售价格通常已经确定。但是，由于销售商品过程中某些不确定因素的影响，也有可能存在商品销售价格发生变动的情况。在这种情况下，新的商品销售价格未确定前通常不应确认销售商品收入。

（5）相关的已发生或将发生的成本能够可靠地计量。根据收入和费用配比原则，与同项销售有关的收入和费用应在同一会计期间予以确认即企业应在确认收入的同时或同会计期间结转相关的成本。

相关的已发生或将发生的成本能够可靠地计量，是指与销售商品有关的已发生或将发生的成本能够合理地估计。在通常情况下，销售商品相关的已发生或将发生的成本能够合理地估计，如库存商品的成本、商品运输费用等。如果库存商品是本企业生产的，其生产成本能够可靠计量；如果是外购的，购买成本能够可靠计量。有时，销售商品相关的已发生或将发生的成本不能够合理地估计，此时企业不应确认收入，若已收到价款，应将已收到的价款确认为负债。

（二）一般销售商品业务收入的处理

在进行销售商品的会计处理时，首先要考虑销售商品收入是否符合收入确认条件。如果符合收入准则所规定的五项确认条件的，企业应确认收入并结转相关销售成本。

企业判断销售商品收入满足确认条件的，应当提供确凿的证据。通常情况下，销售商品采用托收承付方式的，在办妥托收手续时确认收入；交款提货销售商品的，在开出发票账单收到货款时确认收入。交款提货销售商品是指购买方已根据企业开出的发票账单支付货款并取得提货单的销售方式。在这种方式下，购货方支付货款取得提货单，企业尚未交付商品，销售方保留的是商品所有权上的次要风险和报酬，商品所有权上的主要风险和报酬已经转移给购货方，通常应在开出发票账单收到货款时确认收入。

企业销售商品满足收入确认条件时，应当按照已收或应收合同或协议价款的公允价值确定销售商品收入金额。在通常情况下，购货方已收或应收的合同或协议价款即为其公允价值，应当以此确定销售商品收入的金额。企业销售商品所实现的收入以及结转的相关销售成本，通过"主营业务收入""主营业务成本"等科目核算。

（三）已经发出但不符合销售商品收入确认条件的商品的处理

如果企业售出商品不符合销售商品收入确认的五项条件，不应确认收入。为了单独反映已经发出但尚未确认销售收入的商品成本，企业应增设"发出商品"科目。"发出商品"科目核算一般销售方式下，已经发出但尚未确认收入的商品成本。

这里应注意的一个问题是，尽管发出的商品不符合收入确认条件，但如果销售该商品的纳税义务已经发生，如已经开出增值税专用发票，则应确认应交的增值税销项税额。借记"应收账款"等科目，贷记"应交税费——应交增值税（销项税额）"科目。如果纳税义务没有发生，则不需要进行上述处理。

（四）商业折扣、现金折扣和销售折让的处理

企业销售商品收入的金额通常按照从购货方已收或应收的合同或协议价款确定。在确定销售商品收入的金额时，应注意区分商业折扣、现金折扣和销售折让及其不同的账务处理方法。总的来讲，确定销售商品收入的金额时，不应考虑预计可能发生的现金折扣、销售折让，即应按总价确认，但应是扣除商业折扣后的净额。

商业折扣、现金折扣和销售折让的区别以及处理方法如下：

1. 商业折扣

商业折扣是指企业为促进商品销售而给予的价格扣除。例如，企业为鼓励客户多买商品可能规定，购买10件以上商品给予客户10%的折扣，或客户每买10件送1件。此外，企业为了尽快出售一些残次、陈旧、冷清的商品，也可能降价（即打折）销售。

商业折扣在销售时即已发生，并不构成最终成交价格的一部分。企业销售商品涉及商

业折扣的,应当按照扣除商业折扣后的金额确定销售商品收入金额。

2. 现金折扣

现金折扣是指债权人为鼓励债务人在规定的期限内付款而向债务人提供的债务扣除。

现金折扣一般用符号"折扣率/付款期限"表示,例如,"2/10,1/20,n/30"表示:销货方允许客户最长的付款期限为30天,如果客户在10天内付款,销货方可按商品售价给予客户2%的折扣;如果客户在20天内付款,销货方可按商品售价给予客户1%的折扣;如果客户在21天至30天内付款,将不能享受现金折扣。

现金折扣发生在企业销售商品之后,企业销售商品后现金折扣是否发生以及发生多少要视买方的付款情况而定,企业在确认销售商品收入时不能确定现金折扣金额。因此,企业销售商品涉及现金折扣的,应当按照扣除现金折扣前的金额确定销售商品收入金额。现金折扣实际上是企业为了尽快回笼资金而发生的理财费用,应在实际发生时计入当期财务费用。

在计算现金折扣时,还应注意销售方式是按不包含增值税的价款提供现金折扣,还是按包含增值税的价款提供现金折扣,两种情况下购买方享有的折扣金额不同。例如,销售价格为10元的商品,增值税税额为170元,如不包含增值税,按1%折扣率计算,购买方享有的现金折扣金额为10元;如果购销双方约定计算现金折扣时一并考虑增值税,则购买方享有的现金折扣金额为11.7元。

3. 销售折让

销售折让是指企业因售出商品质量不符合要求等原因而在售价上给予的减让。企业将商品销售给买方后,如买方发现商品在质量、规格等方面不符合要求,可能要求卖方在价格上给予一定的减让。

销售折让如发生在确认销售收入之前,则应在确认销售收入时直接按扣除销售折让后的金额确认;已确认销售收入的售出商品发生销售折让,且不属于资产负债表日后事项的,应在发生时冲减当期销售商品收入,如按规定允许扣减增值税税额的,还应冲减已确认的应交增值税销项税额。

(五)销售退回的处理

企业销售商品除了可能发生销售折让外,还有可能发生销售退回。企业售出商品发生的销售退回,应当分别不同情况进行会计处理:一是尚未确认销售收入的售出商品发生销售退回的,应当冲减"发出商品"科目,同时增加"库存商品"科目;二是已确认销售商品收入的售出商品发生销售退回的,除属于资产负债表日后事项外,一般应在发生时冲减当期销售商品收入,同时冲减当期销售商品成本。如按规定允许扣减增值税税额的,应同时扣减已确认的应交增值税销项税额。如该项销售退回已发生现金折扣,应同时调整相关财务费用的金额。

(六)采用预收款方式销售商品的处理

预收款销售方式下,销售方直到收到最后一笔款项才将商品交付购货方,表明商品所有权上的主要风险和报酬只有在收到最后一笔款项时才转移给购货方,销售方通常应在发出商品时确认收入,在此之前预收的货款应确认为预收账款。

(七)采用支付手续费方式委托代销商品的处理

采用支付手续费委托代销方式下,委托方在发出商品时,商品所有权上的主要风险和报酬并未转移给受托方,委托方在发出商品时通常不应确认销售商品收入,而应在收到受托方开出的代销清单时确认为销售商品收入,同时将应支付的代销手续费计入销售费用;受托方应在代销商品销售后,按合同或协议约定的方式计算确定代销手续费,确认劳务收入。

受托方可通过"受托代销商品""受托代销商品款"或"应付账款"等科目,对受托代销商品进行核算确认代销手续费收入时,借记"受托代销商品款"科目,贷记"其他业务收入"等科目。

(八)销售材料等存货的处理

企业在日常活动中还可能发生对外销售不需用的原材料、随同商品对外销售单独计价的包装物等业务。企业销售原材料、包装物等存货也视同商品销售,其收入确认和计量原则比照商品销售。企业销售原材料、包装物等存货实现的收入作为其他业务收入处理,结转的相关成本作为其他业务成本处理。

企业销售原材料、包装物等存货实现的收入以及结转的相关成本,通过"其他业务收入""其他业务成本"科目核算。

"其他业务收入"科目核算企业除主营业务活动以外的其他经营活动实现的收入,包括销售材料、出租包装物和商品、出租固定资产、出租无形资产等实现的收入。该科目贷方登记企业实现的各项其他业务收入;借方登记期末转入"本年利润"科目的其他业务收入结转后该科目应无余额。

"其他业务成本"科目核算除主营业务活动以外的其他经营活动所产生的成本,包括销售材料的成本、出租固定资产的折旧额、出租无形资产的摊销额、出租包装物的成本或摊销额。该科目借方登记企业结转或发生的其他业务成本;贷方登记期末结转入"本年利润"科目的其他业务成本;结转后该科目应无余额。

二、提供劳务收入

企业提供劳务的种类很多,如旅游、运输、饮食、广告、咨询、代理、培训、产品安装等,有的劳务一次就能完成,而且一般为现金交易。例如,饮食、理发、照相等;有的劳务需要花费一段较长的时间才能完成。例如，安装、旅游、培训、远洋运输等。企业提供劳务收入的确认原则因劳务完成时间的不同而不同。

（一）在同一会计期间内开始并完成的劳务

对于一次就能完成的劳务，或在同一会计期间内开始并完成的劳务，应在提供劳务交易完成时确认收入，确认的金额通常为从接受劳务方已收或应收的合同或协议价款，确认原则可参照销售商品收入的确认原则。

企业对外提供劳务，如属于企业的主营业务，所实现的收入应作为主营业务收入处理，结转的相关成本应作为主营业务成本处理；如属于主营业务以外的其他经营活动，所实现的收入应作为其他业务收入处理，结转的相关成本应作为其他业务成本处理。企业对外提供劳务发生的支出一般通过"劳务成本"科目予以归集，待确认为费用时，从"劳务成本"科目转入"主营业务成本"或"其他业务成本"科目。

对于一次就能完成的劳务，企业应在提供劳务完成时确认收入及相关成本。对于持续一段时间但在同一会计期间内开始并完成的劳务，企业应在为提供劳务发生相关支出时确认劳务成本，劳务完成时再确认劳务收入，并结转相关劳务成本。

（二）劳务的开始和完成分属不同的会计期间

1. 提供劳务交易结果能够可靠估计

例如，劳务的开始和完成分属不同的会计期间，且企业在资产负债表日提供劳务交易结果能够可靠估计的，应采用完工百分比法确认提供劳务收入。同时满足下列条件的，为提供劳务交易的结果能够可靠估计：

（1）收入的金额能够可靠地计量，是指提供劳务收入的总额能够合理估计。通常情况下，企业应当按照从接受劳务方已收入或应收入的合同或协议价款确定提供劳务收入总额。随着劳务的不断提供，可能会根据实际情况增加或减少已收或应收的合同或协议价款，此时，企业应及时调整提供劳务收入总额。

（2）相关的经济利益很可能流入企业，是指提供劳务收入总额收回的可能性大于不能收回的可能性。企业在确定提供劳务收入总额能否收回时，应当结合接受劳务方的信誉、以前的经验以及双方就结算方式和期限达成的合同或协议条款等因素，综合进行判断。通常情况下，企业提供的劳务符合合同或协议要求，接受劳务方承诺付款，就表明提供劳务收入总额收回的可能性大于不能收回的可能性。

（3）交易的完工进度能够可靠地确定。

企业可以根据提供劳务的特点，选用下列方法确定提供劳务交易的完工进度。

一是已完工作的测量。这是一种比较专业的测量方法，由专业测量师对已经提供的劳务进行测量，并按一定方法计算确定提供劳务交易的完工程度。

二是已经提供的劳务占应提供劳务总量的比例。这种方法主要以劳务量为标准确定提供劳务交易的完工程度。

三是已经发生的成本占估计总成本的比例。这种方法主要以成本为标准确定提供劳务交易的完工程度。只有反映已提供劳务的成本才能包括在已经发生的成本中，只有反映已提供或将提供劳务的成本才能包括在估计总成本中。

四是交易中已发生和将发生的成本能够可靠地计量。交易中已发生和将发生的成本能够可靠地计量，是指交易中已经发生和将要发生的成本能够合理地估计。企业应当建立完善的内部成本核算制度和有效的内部财务预算及报告制度，准确地提供每期发生的成本，并对完成剩余劳务将要发生的成本做出科学、合理的估计。同时应随着劳务的不断提供或外部情况的不断变化，随时对将要发生的成本进行修订。

2. 提供劳务交易结果不能可靠估计

如果劳务的开始和完成分属不同的会计期间，且企业在资产负债表日提供劳务交易结果不能可靠估计的，即不能同时满足上述四个条件的，不能采用完工百分比法确认提供劳务收入。此时，企业应当正确预计已经发生的劳务成本能否得到补偿，分别下列情况处理：

（1）已经发生的劳务成本预计全部能够得到补偿，应按已收或预计能够收回的金额确认提供劳务收入，并结转已经发生的劳务成本。

（2）已经发生的劳务成本预计部分能够得到补偿的，应按能够得到部分补偿的劳务成本金额确认提供劳务收入，并结转已经发生的劳务成本。

（3）已经发生的劳务成本预计全部不能得到补偿的，应将已经发生的劳务成本计入当期损益（主营业务成本或其他业务成本），不确认提供劳务收入。

三、让渡资产使用权收入

让渡资产使用权收入主要是指让渡无形资产等资产使用权的使用费收入，出租固定资产取得的租金，进行债权投资收取的利息，进行股权投资取得的现金股利等，也构成让渡资产使用权收入。这里主要介绍让渡无形资产等资产使用权的使用费收入的核算。

（一）让渡资产使用权收入的确认和计量

让渡资产使用权的使用费收入同时满足下列条件的，才能予以确认：

1. 相关的经济利益很可能流入企业

企业在确定让渡资产使用权的使用费收入金额是否很可能收回时，应当根据对方企业的信誉和生产经营情况、双方就结算方式和期限等达成的合同或协议条款等因素，综合进行判断。如果企业估计使用费收入金额收回的可能性不大，就不应确认收入。

2. 收入的金额能够可靠地计量

当让渡资产使用权的使用费收入金额能够可靠估计时，企业才能确认收入。让渡资产使用权的使用费收入金额,应按照有关合同或协议约定的收费时间和方法计算确定。如果合同或协议规定一次性收取使用费,且不提供后续服务的,应当视同销售该项资产一次性确认收入;提供后续服务的,应在合同或协议规定的有效期内分期确认收入。如果合同或协议规定分期收取使用费的,应按合同或协议规定的收款时间和金额或规定的收费方法计算确定的金额分期确认收入。

(二)让渡资产使用权收入的账务处理

企业让渡资产使用权的使用费收入,一般通过"其他业务收入"科目核算;所让渡资产计提的摊销额等,一般通过"其他业务成本"科目核算。

企业确认让渡资产使用权的使用费收入时,按确定的收入金额,借记"银行存款""应收账款"等科目,贷记"其他业务收入"科目。企业对所让渡资产计提摊销以及所发生的与让渡资产有关的支出等,借记"其他业务成本"科目,贷记"累计摊销"等科目。

第二节 费用

费用是指企业在日常活动中发生的、会导致所有者权益减少的、与向所有者分配利润无关的经济利益的总流出。

费用包括企业日常活动所产生的经济利益的总流出,主要指企业为取得营业收入进行产品销售等营业活动所发生的企业货币资金的流出,具体包括成本费用和期间费用。成本费用包括主营业务成本、其他业务成本、营业税金及附加等。企业为生产产品、提供劳务等发生的可归属于产品成本、劳务成本等的费用,应当在确认销售商品收入、提供劳务收入等时,将已销售商品、已提供劳务的成本等计入当期损益。期间费用是指企业日常活动发生的不能计入特定核算对象的成本,而应计入发生当期损益的费用,包括销售费用、管理费用和财务费用。期间费用发生时直接计入当期损益。

一、营业成本

营业成本是指企业为生产产品、提供劳务等发生的可归属于产品成本、劳务成本等的费用,应当在确认销售商品收入、提供劳务收入等时,将已销售商品、已提供劳务的成本等计入当期损益营业成本包括主营业务成本和其他业务成本。

(一)主营业务成本

主营业务成本是指企业销售商品、提供劳务等经常性活动所发生的成本。企业一般在确认销售商品、提供劳务等主营业务收入时,或在月末,将已销售商品、已提供劳务的成本转入主营业务成本。企业应当设置"主营业务成本"科目,按主营业务的种类进行明细核算，用于核算企业因销售商品、提供劳务或让渡资产使用权等日常活动而发生的实际成本，借记该科目，贷记"库存商品""劳务成本"等科目。期末，将主营业务成本的余额转入"本年利润"科目，借记"本年利润"，贷记该科目，结转后该科目无余额。

（二）其他业务成本

其他业务成本是指企业确认的除主营业务活动以外的其他经营活动所发生的支出。其他业务成本包括销售材料的成本、出租固定资产的折旧额、出租无形资产的摊销额、出租包装物的成本或摊销额等。采用成本模式计量投资性房地产的，其投资性房地产计提的折旧额或摊销额，也构成其他业务成本。

企业应当设置"其他业务成本"科目，核算企业确认的除主营业务活动以外的其他经营活动所发生的支出，包括销售材料的成本、出租固定资产的折旧额、出租无形资产的摊销额、出租包装物的成本或摊销额等。企业发生的其他业务成本，借记本科目，贷记"原材料""周转材料""累计折旧""累计摊销""应付职工薪酬""银行存款"等科目。本科目按其他业务成本的种类进行明细核算。期末，本科目余额转入"本年利润"科目，结转后本科目无余额。

二、营业税金及附加

营业税金及附加是指企业经营活动应负担的相关税费，包括消费税、城市维护建设税、教育费附加和资源税等。

消费税是对生产、委托加工及进口应税消费品（主要指烟、酒、化妆品、高档次及高能耗的消费品）征收的一种税。消费税的计税方法主要有从价定率、从量定额及从价定率和从量定额复合计税三种。从价定率是根据商品销售价格和规定的税率计算应交消费税；从量定额是根据商品销售数量和规定的单位税额计算应交的消费税；复合计税是两者的结合。

城市维护建设税（以下简称城建税）和教育费附加是对从事生产经营活动的单位和个人，以其实际缴纳的增值税、消费税、营业税为依据，按纳税人所在地适用的不同税率计算征收的一种税。

资源税是对在我国境内开采国家规定的矿产资源和生产用盐单位、个人征收的一种税，按应税数量和规定的单位税额计算。例如，开采石油、煤炭、天然气企业需按开采的数量计算缴纳资源税。

房产税、车船税、城镇土地使用税、印花税在"管理费用"科目核算，但与投资性房地产相关的房产税、土地使用税在"营业税金及附加"科目核算。

企业应当设置"营业税金及附加"科目，核算企业经营活动发生的消费税、城市维护建设税、资源税和教育费附加等相关税费。按规定计算确定的与经营活动相关的税费，企业应借记本科目，贷记"应交税费"科目。期末，应将"营业税金及附加"科目余额转入

"本年利润"科目，结转后本科目无余额。

三、期间费用

（一）期间费用的概述

期间费用是指企业日常活动发生的不能计入特定核算对象的成本，而应计入发生当期损益的费用。

期间费用是企业日常活动中所发生的经济利益的流出。之所以不计入特定的成本核算对象，主要是因为期间费用是企业为组织和管理整个经营活动所发生的费用，与可以确定特定成本核算对象的材料采购、产成品生产等没有直接关系，因而期间费用不计入有关核算对象的成本，而是直接计入当期损益。

期间费用包含以下两种情况：一是企业发生的支出不产生经济利益，或者即使产生经济利益但不符合或者不再符合资产确认条件的，应当在发生时确认为费用，计入当期损益。

二是企业发生的交易或者事项导致其承担了一项负债，而又不确认为一项资产的，应当在发生时确认为费用计入当期损益。

（二）期间费用的账务处理

期间费用包括销售费用、管理费用和财务费用。

1. 销售费用

销售费用是指企业销售商品和材料、提供劳务的过程中发生的各种费用，包括保险费、包装费、展览费和广告费、商品维修费、预计产品质量保证损失、运输费、装卸费等以及为销售本企业商品而专设的销售机构（含销售网点、售后服务网点等）的职工薪酬、业务费、折旧费等经营费用。企业发生的与专设销售机构相关的固定资产修理费用等后续支出也属于销售费用。

销售费用是与企业销售商品活动有关的费用，但不包括销售商品本身的成本和劳务成本。销售的商品的成本属于"主营业务成本"，提供劳务的成本属于"劳务成本"。

企业应通过"销售费用"科目，核算销售费用的发生和结转情况。该科目借方登记企业所发生的各项销售费用，贷方登记期末转入"本年利润"科目的销售费用，结转后该科目应无余额。该科目应按销售费用的费用项目进行明细核算。

2. 管理费用

管理费用是指企业为组织和管理生产经营发生的各种费用，包括企业在筹建期间内发生的开办费、董事会和行政管理部门在企业的经营管理中发生的以及应由企业统一负担的公司经费（包括行政管理部门职工工资及福利费、物料消耗、低值易耗品摊销、办公费和差旅费等）、行政管理部门负担的工会经费、董事会费（包括董事会成员津贴、会议费和差旅费等）、聘请中介机构费、咨询费（含顾问费）、诉讼费、业务招待费、房产税、车船税、城镇土地使用税、印花税、技术转让费、矿产资源补偿费、研究费用、排污费等。企业生产车间（部门）和行政管理部门发生的固定资产修理费用等后续支出，也作为管理费用核算。

企业应设置"管理费用"科目，核算管理费用的发生和结转情况。该科目借方登记企业发生的各项管理费用，贷方登记期末转入"本年利润"科目的管理费用，结转后该科目应无余额。该科目按管理费用的费用项目进行明细核算。商品流通企业管理费用不多的，可不设本科目，相关核算内容可并入"销售费用"科目核算。

3. 财务费用

财务费用是指企业为筹集生产经营所需资金等而发生的筹资费用，包括利息支出（减利息收入）、汇兑损益以及相关的手续费、企业发生的现金折扣等。企业应通过"财务费用"科目，核算财务费用的发生和结转情况。该科目借方登记企业发生的各项财务费用，贷方登记期末转入"本年利润"科目的财务费用，结转后该科目应无余额。该科目应按财务费用的费用项目进行明细核算。

第三节　利润

一、利润的含义和主要内容

利润是指企业在一定会计期间的经营成果。利润包括收入减去费用后的净额、直接计入当期利润的利得和损失等。未计入当期利润的利得和损失扣除所得税影响后的净额计入其他综合收益项目。净利润与其他综合收益的合计金额为综合收益总额。利得是指由企业非日常活动所形成的、会导致所有者权益增加的、与所有者投入资本无关的经济利益的流入。损失是指由企业非日常活动所发生的、会导致所有者权益减少的、与向所有者分配利润无关的经济利益的流出。

与利润相关的计算公式主要如下。

（一）营业利润

营业利润＝营业收入－营业成本－营业税金及附加－销售费用－管理费用－财务费用资产减值损失＋公允价值变动收益（－公允价值变动损失）＋投资收益（－投资损失）

其中：营业收入是指企业经营业务所确认的收入总额，包括主营业务收入和其他业务收入。

营业成本是指企业经营业务所发生的实际成本总额，包括主营业务成本和其他业务成本。

资产减值损失是指企业计提各项资产减值准备所形成的损失。

公允价值变动收益（—损失）是指企业交易性金融资产等公允价值变动形成的应计入当期损益的利得（—损失）。

投资收益（—损失）是指企业以各种方式对外投资所取得的收益（—发生的损失）

（二）利润总额

利润总额＝营业利润＋营业外收入－营业外支出

其中，营业外收入是指企业发生的与其日常活动无直接关系的各项利得。

营业外支出是指企业发生的与其日常活动无直接关系的各项损失。

（三）净利润

净利润＝利润总额－所得税费用

其中，所得税费用是指企业确认的应从当期利润总额中扣除的所得税费用。

二、营业外收入的核算

（一）营业外收入核算的内容

营业外收入是指企业确认的与其日常活动无直接关系的各项利得。营业外收入并不是企业经营资金耗费所产生的，实际上是经济利益的净流入，不需要与有关的费用进行配比。营业外收入主要包括非流动资产处置利得、政府补助、盘盈利得、捐赠利得、非货币性资产交换利得、债务重组利得等。

其中，非流动资产处置利得包括固定资产处置利得和无形资产出售利得。政府补助，指企业从政府无偿取得货币性资产或非货币性资产形成的利得，不包括政府作为所有者对企业的资本投入。盘盈利得，指企业对现金等资产清查盘点时发生盘盈，报经批准后计入营业外收入的金额。捐赠利得，指企业接受捐赠产生的利得。

（二）营业外收入的账务处理

企业应通过"营业外收入"科目，核算营业外收入的取得及结转情况。该科目可按营业外收入项目进行明细核算。

1. 确认处置非流动资产利得

企业确认处置非流动资产利得时，借记"固定资产清理""银行存款""待处理财产损溢""无形资产""原材料"等科目，贷记"营业外收入"科目。

2. 确认政府补助利得

（1）与资产相关的政府补助

与资产相关的政府补助，是指企业取得的、用于购建或以其他方式形成长期资产的政府补助。确认与资产相关的政府补助，借记"银行存款"等科目，贷记"递延收益"科目，分配递延收益时，借记"递延收益"科目，贷记"营业外收入"科目。

根据配比原则，企业取得与资产相关的政府补助，不能全额确认为当期收益，应当随着相关资产的使用逐渐计入以后各期的收益。也就是说，收到与资产相关的政府补助应当确认为递延收益，然后自长期资产可供使用时起，按照长期资产的预计使用期限，将递延收益平均分摊至当期损益，计入营业外收入。

（2）与收益相关的政府补助

与收益相关的政府补助，是指除与资产相关的政府补助之外的政府补助。企业确认与收益相关的政府补助，借记"银行存款"等科目，贷记"营业外收入"科目，或通过"递延收益"科目分期计入当期损益。

3. 企业确认盘盈利得、捐赠利得

企业确认盘盈利得、捐赠利得计入营业外收入时，借记"库存现金""待处理财产损溢"等科目，贷记"营业外收入"科目。

4. 结转营业外收入

期末，应将"营业外收入"科目余额转入"本年利润"科目，借记"营业外收入"科目，贷记"本年利润"科目。结转后本科目应无余额。

三、营业外支出的核算

（一）营业外支出的核算内容

营业外支出是指企业发生的与其日常活动无直接关系的各项损失，主要包括非流动资产处置损失、公益性捐赠支出、盘亏损失、罚款支出、非货币性资产交换损失、债务重组损失等。

其中，非流动资产处置损失包括固定资产处置损失和无形资产出售损失。

公益性捐赠支出是指企业对外进行公益性捐赠发生的支出。

盘亏损失是指对于财产清查盘点中盘亏的资产，查明原因并报经批准计入营业外支出的损失。

非常损失是指企业对于因客观因素（如自然灾害等）造成的损失，扣除保险公司赔偿后应计入营业外支出的净损失。

罚款支出是指企业支付的行政罚款、税务罚款，以及其他违反法律法规、合同协议等而支付的罚款、违约金、赔偿金等支出。

（二）营业外支出的账务处理

企业应通过"营业外支出"科目，核算营业外支出的发生及结转情况。该科目可按营业外支出项目进行明细核算。

（1）企业确认处置非流动资产损失时，借记"营业外支出"科目，贷记"固定资产清理""无形资产"等科目。

（2）确认盘亏、罚款支出计入营业外支出时，借记"营业外支出"科目，贷记"待处理财产损溢""库存现金"等科目。

（3）期末，应将"营业外支出"科目余额转入"本年利润"科目，借记"本年利润"科目，贷记"营业外支出"科目。结转后本科目应无余额。

四、所得税费用的核算

企业的所得税费用包括当期所得税和递延所得税两个部分，其中，当期所得税是指当期应交所得税，递延所得税包括递延所得税资产和递延所得税负债。

递延所得税资产是指以未来期间很可能取得用来抵扣可抵扣暂时性差异的应纳税所得额为限确认的一项资产。

递延所得税负债是指根据应纳税暂时性差异计算的未来期间应付所得税的金额。

（一）应交所得税的计算

应交所得税是指企业按照税法规定计算确定的针对当期发生的交易和事项，应交纳给税务部门的所得税金额，即当期应交所得税。应纳税所得额是在企业税前会计利润（即利润总额）的基础上调整确定的，计算公式为：

应纳税所得额＝税前会计利润＋纳税调整增加额－纳税调整减少额

纳税调整增加额主要包括税法规定允许扣除项目中，企业已计入当期费用但超过税法规定扣除标准的金额（如超过税法规定标准的职工福利费、工会经费、职工教育经费、业务招待费、公益性捐赠支出、广告费和业务宣传费等），以及企业已计入当期损失但税法规定不允许扣除项目的金额（如税收滞纳金、罚金、罚款）。纳税调整减少额主要包括按税法规定允许弥补的亏损和准予免税的项目，如前五年内未弥补亏损和国债利息收入等。

企业当期应交所得税的计算公式为：

应交所得税＝应纳税所得额 × 所得税税率

（二）所得税费用的账务处理

企业根据会计准则的规定，计算确定的当期所得税和递延所得税之和，即为应从当期利润总额中扣除的所得税费用。

所得税费用＝当期所得税＋递延所得税

企业应通过"所得税费用"科目，核算企业所得税费用的确认及其结转情况。期末，应将"所得税费用"科目的余额转入"本年利润"科目,借记"本年利润"科目,贷记"所得税费用"科目,结转后本科目应无余额。

五、本年利润

(一)结转本年利润的方法

会计期末结转本年利润的方法有表结法和账结法两种。

1. 表结法

在表结法下,各损益类科目每月月末只需结计出本月发生额和月末累计余额,不结转到"本年利润"科目,只有在年末时才将全年累计余额结转入"本年利润"科目。但每月月末要将损益类科目的本月发生额合计数填入利润表的本月数栏,同时将本月末累计余额填入利润表的本年累计数栏,通过利润表计算反映各期的利润(或亏损)。表结法下,年中损益类科目无须结转入"本年利润"科目,从而减少了转账环节和工作量,同时并不影响利润表的编制及有关损益指标的利用。

2. 账结法

在账结法下,每月月末均需编制转账凭证,将在账上结计出的各损益类科目的余额结转入"本年利润"科目。结转后"本年利润"科目的本月余额反映当月实现的利润或发生的亏损,"本年利润"科目的本年余额反映本年累计实现的利润或发生的亏损。账结法在各月均可通过"本年利润"科目提供当月及本年累计的利润(或亏损)额,但增加了转账环节和工作量。

(二)结转本年利润的会计处理

企业应设置"本年利润"科目,核算企业本年度实现的净利润(或发生的净亏损)。会计期末,企业应将"主营业务收入""其他业务收入""营业外收入"等科目的余额分别转入"本年利润"科目的贷方,将"主营业务成本""其他业务成本""营业税金及附加""销售费用""管理费用""财务费用""资产减值损失""营业外支出""所得税费用"等科目的余额分别转入"本年利润"科目的借方。

企业还应将"公允价值变动损益""投资收益"科目的净收益转入"本年利润"科目的贷方,将"公允价值变动损益""投资收益"科目的净损失转入"本年利润"科目的借方。

结转后"本年利润"科目如为贷方余额,表示当年实现的净利润;如为借方余额,表示当年发生的净亏损。

年度终了,企业还应将"本年利润"科目的本年累计余额转入"利润分配——未分配利润"科目。如"本年利润"为贷方余额,借记"本年利润"科目,贷记"利润分配——未分配利润"科目;如为借方余额,做相反的会计分录。结转后"本年利润"科目应无余额。

第六章 审计概述

第一节 审计的产生与发展

一、政府审计的产生与发展

(一)我国政府审计的历史沿革

西周时期,中国出现了带有审计职能的官职——宰夫,这是我国政府审计的萌芽。秦汉实行"上计"制度,对经济活动的监督有所加强。隋唐时期,在刑部之下设"比部",建立了比较独立的审计机构。宋代设立独立的审计院,"审计"一词正式出现。元、明、清三个朝代均未设立专门的审计机构,大部分审计职能并入御史监察机构。

辛亥革命以后,北洋政府和南京国民政府先后设立了审计院,隶属于大总统,并颁布审计法及审计实施细则。后审计院改为审计部,隶属于监察院,各省设立了相应的审计处,形成了一个垂直领导的审计网。但是,由于国民政府政治上的腐败,审计工作得不到应有的重视和支持,审计法规也未能实施。

在第二次国内革命战争时期,革命根据地的审计形成了一定的基础,1934年公布的《中华苏维埃共和国中央苏维埃组织法》中规定,中央苏区设立中央审计委员会,其职责是审核苏区的岁入、岁出、监督中央预算的执行情况。抗日战争和解放战争时期,各革命根据地人民政府设立了各种形式的审计机构。

中华人民共和国成立之后,照搬苏联的管理制度。"文化大革命"中,以阶级斗争为纲,绝对相信群众,实行无账会计,审计理论研究和审计教学被中断,原有的审计机构也被撤销,审计工作一度陷入停滞的状态。

中共十一届三中全会以来,确立了以经济建设为中心的指导思想,逐渐增加经济核算,重视经济监督。1982年12月4日,第五届全国人民代表大会第五次会议通过的《中华人民共和国宪法》规定:国务院设立审计机关,对国务院各个部门和地方各级政府的财度收支、对国家的财政金融机构和企业、事业组织的财政收支进行审计监督。审计机关在国务院总理的领导下,依照法律规定独立行使审计监督权,不受其他行政机关和个人的干涉。1994

年8月31日，第八届全国人民代表大会常务委员会第九次会议通过，并于1995年11日施行的《中华人民共和国审计法》，标志着我国审计工作进入了新的发展阶段。

（二）国外审计的产生与发展

公元5年，古罗马皇帝奥古斯都下令编制国家预算，并派检查人员分赴各地审查账目。这是国外审计的起源。同时，各国相继成立了不同形式的国家审计机关。目前，建立审计机构的国家已有150多个。

随着经济的发展，西方国家早在13世纪就出现了不同形式的国家审计机关。股东们为了维护各自的权益，便委托第三者审查股份公司的账目，这是早期的民间审计。

1720年，会计师查尔士·斯奈尔受英国议院委托，为南海公司的一家附属公司破产情况做查账报，人们也称为公证的会计师，也就是现在的审计师、注册会计师。这是世界上首次出现公证会计师这个词。1853年，在苏格兰的爱丁堡创立了英国最早的会计师协会，这也是世界上第一个公证会计师专业团体。这个阶段的审计，就是由经办会计业务以外的第三者对被查单位的会计资料进行检查的一种监督审查活动。检查的范围比较狭隘，仅限于会计资料的真实性、正确性、合法性，其起到公证和保护的作用。

第一次世界大战以后，资本主义经济迅速发展，企业规模扩大，管理权和所有权分离，加上所得税普遍推行，对审计的要求更高了，过去那种详细审计的办法因费事费力已不再适应。这时，美国提出了一种新的审计概念，即资产负债表审计，强调对账户和资产负债表的审计。20世纪30年代，由于资本主义国家发生经济危机，经济大萧条，生产不景气，投资者、银行家十分关心企业的经营成果，要求分析检查企业的盘亏情况。这样，由静态审计发展到了动态审计。从这一阶段的审计工作中发现了一些规律，由此也有了比较完整的方法。

第二次世界大战以后，企业的规模越来越大，内部控制制度逐步完善起来。在此基础上，产生了内部审计。随着管理会计的产生和发展，审计的领域也向深度和广度发展，把提高企业经营管理效果列为审计的重要内容，这在西方叫作管理审计。

随着电子计算机技术的广泛应用和社会生产、经济的发展，可以预计今后审计技术、方法、内容与理论也将有更大的发展，以满足社会发展的需求。

通过对中外审计发展史的考察，可以看到我国的政府审计早于西方，但民间审计却落后于西方。我们应当批判地汲取中外审计史上的经验，博取各国之长，结合我国的现实经济情况，建立符合中国国情的审计理论体系。

二、注册会计师审计的产生与发展

注册会计师审计（也称独立审计、民间审计、社会审计）是指经有关部门批准注册的会计师事务所进行的审计。这种审计是审计主体接受委托，对被审计单位的审计事项进行审查。其主要特点是受托审计，业务范围十分广泛。

（一）西方注册会计师审计的产生与发展

注册会计师审计产生于意大利合伙企业制度，形成于英国股份制企业制度，发展和完善于美国的资本市场，它是伴随着商品经济的发展而产生和发展起来的。

16世纪末期，地中海沿岸国家的商品贸易得到了发展，出现了为筹集大量资金进行贸易活动的合伙经营方式，财产的所有权与经营权开始分离。处于第三方地位、有丰富经验的会计师，可以对负有管理责任的合伙人及其提供的会计资料进行审查，消除合伙人之间的猜疑，人们开始聘请会计专家来担任查账和公证工作。

18世纪工业革命后，股份公司应运而生，民间审计得到迅速发展。1721年，南海公司事件中查尔斯以"会计师"的名义出具了"查账报告书"，从而宣告了独立会计师——注册会计师的诞生。1853年在苏格兰的爱丁堡成立了"爱丁堡会计师协会"，标志着注册会计师职业的诞生。1887年美国公共会计师协会成立，1916年该会改组为美国注册会计师协会，后来成为世界上最大的注册会计师职业团体。

1929-1933年经济危机后，会计报表审计在许多国家成为法定业务，审计准则不断完善，注册会计师审计进入了一个新的发展阶段。

第二次世界大战以后，经济发达国家通过各种渠道推动本国企业向海外拓展，跨国公司得到空前发展。国际资本的流动带动了注册会计师的跨国界发展，形成了一批国际会计师事务所。最初有"八大"国际会计师事务所，20世纪80年代末合并为"六大"，之后又合并成为"五大"。2001年，美国爆发了安然公司会计造假丑闻，安达信会计师事务所关闭。因此，时至今日，尚有"四大"国际会计师事务所，即普华永道、安永、毕马威和德勤。

（二）我国注册会计师审计的产生与发展

1918年9月，北洋政府农商部颁布了我国第一部注册会计师法规—《会计师暂行章程》，并于同年批准著名会计学家谢霖先生为中国第一位注册会计师，谢霖先生创办的中国第一家会计师事务所——"正则会计师事务所"也获准成立。次后，又逐步批准了一批注册会计师，建立了一批会计师事务所，至1947年全国已有注册会计师2619人。

1980年12月14日，财政部颁布了《中华人民共和国中外合资经营企业所得税法实施细则》，规定外资企业财务报表要由注册会计师审计，这为恢复我国注册会计师制度提供了法律依据。1980年12月23日，财政部发布《关于成立会计顾问处的暂行规定》，标志着我国注册会计师职业开始复苏。1981年1月1日，"上海会计师事务所"宣告成立，成为新中国第一家由财政部批准独立承办注册会计师业务的会计师事务所。1984年9月25日，财政部印发《关于成立会计咨询机构问题的通知》，明确了注册会计师应当办理的业务。1985年1月实施的《中华人民共和国会计法》规定："经国务院财政部门批准组成会计师事务所。

可以按照国家有关规定承办查账业务。"1986年7月3日,国务院颁布《中华人民共和国注册会计师条例》,同年10月1日起实施。1993年10月31日,第八届全国人大常委会第四次会议审议通过了《中华人民共和国注册会计师法》(以下简称《注册会计师法》),自1994年1月1日起开始实施。

三、内部审计的产生

内部审计是指由部门、单位内部专职审计机构和专职审计人员进行的审计。内部审计的内容包括本部门、本单位财政、财务收支的审计,财经法纪的审计,以及经济效益的审计。内部审计的职能是在本部门、本单位相对独立地行使审计监督权,是实现经济管理的一种必要手段。

一般认为,内部审计是伴随着政府审计而逐步形成和发展的。古代的内部审计很难与政府审计划分开。中世纪以后,内部审计才有较完整的形态,如寺庙审计、行会审计、银行审计和庄园审计等。近代经济社会的发展、企业管理的需要,是各大公司建立内部审计机构的主要原因。1941年,美国首先成立了内部审计师协会,标志着内部审计已成为一门独立的职业。国际内部审计师协会1978年制定和颁布了《内部审计实务标准》,为内部审计规定了职业规范和判断标准。在现代社会,内部审计已普遍存在于各类企业、行政机构和非营利组织中。

第二节 审计的定义和特征

一、审计的定义

通过以上对审计产生和发展过程的分析,我们可以得出审计的基本概念审计是资源财产的拥有者或主管者,授权或委托独立、合格的专职机构和人员,依照国家法规、审计准则和会计理论,运用专门的方法,对资源财产经营管理人承担和履行的经济责任,以及由此而引起的经济活动及其相关资料的真实性正确性、合规性、合法性、效益性进行监督、鉴证、评价,并向授权人或委托人提出报告,以维护财经法纪、改善经营管理、提高经济效益的一个系统化的过程。它可以从以下几个方面理解。

(1)审计的主体

审计主体,就是审计的执行者,即审计的专职机构和专职人员。这里的专职机构是指以审计为专门职务的单位,包括国家审计机关、部门,单位内部审计机构和社会审计组织。专职人员是指专门从事国家审计的人员、部门和单位内部审计人员和依法批准的执业注册会计师。

（2）审计的授权者（或委托者）

审计的授权者泛指国家审计机关、政府有关部门领导的授权，单位主管机构和相关领导的授权，它是针对国家审计和内部审计而言的。审计的委托者是针对注册会计师审计而言的，我国注册会计师的审计业务都是接受被审计单位的委托，签订审计业务约定书后进行的。确认审计业务的委托和受托关系，明确委托目的、审计范围及双方的责任、义务等事项，目的是保护双方的合法权益，督促双方共同遵守约定事项并加强合作。

（3）审计的客体（对象）

审计的客体（对象）是被审计单位在一定时期内能够用财务报表及有关资料表现的全部或一部分经济活动。由于审计主体不同，审计对象也不完全相同。政府审计的对象为国务院各部门和地方各级政府的财政收支，国家财政金融机构和国有企业、事业组织的财务收支。内部审计的对象为本部门、本单位的财务收支以及其他有关的经济活动。社会审计的对象是委托人指定的被审单位的财务收支及其有关的经营管理活动。

（4）审计依据

审计依据是审计人员在审计过程中用来评价和判断被审计单位经济活动真实性、合法性、合规性和效益性，以提出审计意见、做出审计结论的客观标准。审计依据主要包括国家相关法律、法规；企业会计准则、会计制度，注册会计师执业准则；企业内部的预算、计划、经济合同等。

（5）审计的目的

审计的目的，就是审计工作预期要达到的目标。审计的目的取决于审计的职能和审计授权人或委托人对审计工作的要求。

（6）审计报告

审计要在对审计证据进行分析和判断的基础上，做出审计评价、提出审计意见、编写审计报告，把审计的结果通报给委托者或授权人。

（7）审计过程

审计是一个系统化的过程，是由一系列合理、有结构且有组织的步骤或程序组成。

（8）审计的本质

审计的本质可概括为具有独立性的经济监督、评价、鉴证活动。独立性是审计的重要特征，有了独立性，才能做到客观公正、实事求是。为了充分体现审计的本质属性，在审计机构设置和实施审计过程中，必须遵循独立性的原则。

二、审计的特征

审计的特征是指审计区别于其他管理活动的独特之处。审计是一种独立的经济监督、评价和鉴证活动。它的特征集中体现在独立性方面。所谓审计的独立性，是指审计机构和审计人员在组织、工作、经济方面独立于被审计单位，不受外来和内在因素的影响和干扰，保持中立的一种状态。保持独立性，能使审计工作顺利进行，审计结论客观公正。

其《中华人民共和国宪法》规定，审计机关在国务院总理的领导下，依照法律规定独立行使审计监督权，不受其他行政机关、社会团体和个人的干涉。我国颁布的审计法规和注册会计师法规，都对各审计机构和人员的独立性给予了明确的说明，审计的独立性主要表现在三个方面。

第一，机构独立。机构独立是指审计机构不能受制于其他部门与单位，尤其是不能成为国家财政部门和各机构财务部门的下属机构，否则，对财政、财务收支进行审计就失去了意义。机构独立还表现在审计机构应独立于被审计单位之外，与被审计单位没有任何组织上的行政隶属关系。机构独立是保证审计工作独立性的关键。

第二，业务工作独立。业务工作独立是指审计人员在开展审计工作时，要保持精神上的独立，坚持客观公正，不受任何部门、单位和个人的干涉，独立地对被审查事项做出公正、合理的评价和鉴定。

第三，经济独立。经济独立是保证机构独立和业务工作独立的物质基础。审计机构从事审计业务活动必须要有法定的经费来源和受国家法律保护的经济收入，不受被审计单位的约束。

三、审计的职能

审计的职能是指审计本身所固有的、体现审计本质属性的内在功能。目前，理论界对审计职能的论述是多种多样，见解各异，通过总结历史和现代的审计实践，大多数人认为审计具有经济监督的职能、经济评价的职能和经济鉴证的职能。

（1）经济监督

监督是监察和督促的统称。经济监督是指有制约力的单位或机构对其他单位进行监察和督促，使其经济活动符合一定的标准和要求，按规定的轨道合理运行。经济监督是审计最基本的职能。

审计实务中，政府审计是对政府的财政收支和国有企事业单位的财政、财务收支以及相关的经营管理活动的合法性、合规性和效益性及其记录资料的真实性和公允性进行监督，并通过审查揭示错弊，督促被审计单位遵守国家法律法规，履行经济责任，使经济活动合法、有效。内部审计的主要职责同样是依照国家法律、法规和本单位经营目标和管理规定，对本部门、本单位的经济活动进行监察和督促，以保证对被审计单位的有效管理，完成既定的管理目标。注册会计师审计是通过对被审计单位的经济活动进行审查、鉴证来实现审计委托者对被审计单位的经济监督。

（2）经济评价

经济评价是指审计机构或审计人员在对被审计单位的财政、财务收支及其有关经济活动进行审查核实的基础上，对被审计单位经营决策、计划、预算是否可行，经济活动及其结果是否完成了预定目标，经济效益是优是劣，内部控制是否健全有效等进行评价，从而有针对性地提出意见和建议，以促进被审计单位改善经营管理，提高经济效益。经济评价是审计的另一个重要职能，是政府审计、内部审计和社会审计共同要实现的功能，在现代审计中，经济评价职能更是越来越重要。

（3）经济鉴证

经济鉴证是指审计机构和审计人员通过对被审计单位的各项经济活动及会计报表等相关资料进行审查和验证后，确定其财务状况和经营成果的公允性、合法性，并出具可以信赖的审计报告，以取得审计委托人或社会公众的信任。经济鉴证可以作为评价经济责任、解脱经济责任和依法处理的依据。经济鉴证是注册会计师审计的主要职能。一般情况下，公司的会计报表只有经过注册会计师审查鉴定后才能获得社会的认可。

第三节　审计的分类

科学地对审计进行分类，既有助于深刻了解各种审计的内容和特点，加深对审计的认识，又有利于审计人员合理组织不同类型的审计工作程序，提高审计工作的质量和效益。

一、按审计主体不同分类

审计主体是指审计活动的执行者。审计按主体不同，可分为政府审计、内部审计和注册会计师审计。

政府审计是指由政府审计机关依法实施的审计，又称国家审计，包括对国务院各部门和地方各级人民政府、国有金融机构和企事业组织，以及其他拥有国有资产单位的财政财务收支及其经济效益所进行的审计。政府审计具有法定性、强制性、无偿性、权威性等特点。拥有及管理国有资产的单位，都必须依法接受政府审计的监督。对于政府审计机关做出的审计决定，被审计单位和有关人员必须执行。

内部审计是指组织内部设置的审计机构或审计人员所实施的审计，是组织内部的一种独立客观的监督和评价活动。内部审计的范围是本单位及所属单位的经营活动和内部控制，审计的目的是监督和评价本单位及所属单位的财政收支、财务收支及经济活动的真实性、合法性和效益性，内部控制及风险管理的有效性。内部审计具有审计服务的内向性、广泛性、经常性和及时性以及审计结论非强制性等特点，但其独立性与外部审计相比较弱。

注册会计师审计又称民间审计、社会审计、独立审计，是指经由政府有关部门审核批准成立的会计师事务所进行的审计。会计师事务所可以接受政府审计机关、国家行政机关、企事业单位和个人等有关方面的委托，依法对被审计单位的财务收支活动、经营管理活动及经济效益进行审计；可以接受委托，承办注册资本验证、资产评估、经济案件鉴定、管理咨询服务等项业务。注册会计师审计从根本上讲是一种市场中介服务，具有双向独立性、受托性、有偿性的特点。

政府审计、内部审计和注册会计师审计共同构成了我国的审计监督体系，种审计各司其职，各自在不同的领域发挥作用，不存在主导与服从关系，不能相互代替。

二、按审计目的和内容不同分类

按审计目的和内容不同，可以将审计分为财务报表审计、经营审计、合规性审计三类。

财务报表审计，是指对某个单位编制的财务报表获取和评价证据，以便对这些报表是否按照既定标准（通常指公认会计准则）公允反映表示意见。这类审计通常由被审计单位委托外部审计人员来执行。审计结果要向广大使用者（如股东、债权人、主管机关和社会公众等）公布。

经营审计，是指对某个单位的经营活动是否达到特定的目标，收集证据和评价证据。这类审计有时也称为绩效审计或管理审计。在经营审计中，审计人员需要对特定经营活动进行客观的观察和全面的分析。经营审计的范围既可能是整个组织，也可能是该组织的某一特定部分，审计对象不限于会计，还包括组织机构、计算机系统、生产方法、市场营销等。

合规性审计亦称遵循性审计，是指对某个单位的财务或经营活动收集和评价证据，以确定其是否按照特定的条件、规则或规定来执行。这种审计的既定标准可能有很多来源。比如，管理层可能事先制定了很多内部控制的程序，如赊销必须经过信用审批、公司支票必须经过两个人签署等。另外，管理层还可能制定有关加班、休假、参加社保的政策（或规则）。管理层制定这些标准的目的是遵循并落实它们，因此，很多公司对这些标准的遵守情况执行合规性审计。这种审计通常由公司内部审计人员来执行。合规性审计的结果通常报送被审计单位管理层或外部特定使用者。

除上述基本分类以外，审计还可按其他标准分类。按范围不同分为全面审计、局部审计和专项审计；按时间不同分为事前审计、事中审计和事后审计；按执行地点的不同分为报送审计和就地审计；按动机的不同分为强制审计和任意审计；按审计所依据的基础和使用的技术分类，分为账项基础审计、制度基础审计和风险导向审计；按审计机构与被审计单位的关系，分为外部审计和内部审计；按审计是否定期，分为定期审计和不定期审计等。

第七章 审计实务

第一节 销售与收款循环审计

一、销售与收款循环概述

（一）销售与收款循环的主要业务活动

销售业务由接受顾客提出订货要求开始，经审批信用条件、发运商品、开具发票、登记应收账款或应收票据、处理销售退回与销售折让、计提坏账准备、注销坏账等业务，并最终转化为货币而结束。

1. 接受顾客订单

顾客提出订货要求是整个销售与收款循环的起点。对于企业而言，管理层一般均列出了已批准销售的顾客名单。顾客的订购单只有在符合企业管理层的授权标准时，才能被接受。销售部门在决定是否同意接受某顾客的订单时，应将已批准销售的顾客名单作为依据。如果该顾客未被列入，则需要由销售部门的主管或其上级领导来决定是否同意销售。

企业在批准了顾客订单之后，应编制一式多联的销售单。销售单是证明销售业务的"发生"认定的凭证之一，也是销售业务交易轨迹的起点。

2. 批准赊销信用

为避免销售人员为扩大销售而使企业承受不适当的信用风险，赊销审批不能由销售部门执行，应设立专门的信用管理部门来履行此职责。信用管理部门根据管理层的赊销政策在每个客户已授权信用额度内进行赊销批准。收到销售部门的销售单后，将销售单与该客户信用额度以及欠款余额加以比较。在信用额度之内的，由系统自动审批或由员工审批，超过信用额度的，由信用管理部门主管会同其他部门负责人集体决策审批。

无论批准赊销与否，信用管理部门的授权人员都要在销售单上签署意见，然后再将已签署意见的销售单送回销售部门。信用批准控制能有效降低坏账风险，与应收账款账面余额的"计价和分摊"认定有关。

3. 按销售单供货

仓库只有在收到经过批准的销售单时才能供货,并将销售单和实物一起交给发运部门。设立这项控制的目的是防止仓库在未经授权的情况下擅自发货。因此,已批准的销售单的一联通常用于送达仓库,作为按销售单供货和向装运部门发货的依据。

4. 按销售单装运货物

将按经批准的销售单供货与按销售单装运货物职责相分离,有助于避免负责装运货物的职员在未经授权的情况下装运产品。在装运之前,装运部门职员进行独立验证,确定从仓库提取的商品附有经批准的销售单,所提取商品的内容与销售单一致。

装运凭证是指一式多联的、连续编号的提货单,可由电脑或人工编制。按序归档的装运凭证通常由装运部门保管。装运凭证提供了商品确实已装运的证据,因此它是证实销售交易"发生"认定的另一种形式的凭证。定期检查以确定在编制的每张装运凭证后均已附有相应的销售发票,有助于保证销售交易"完整性"认定的正确性。

5. 向顾客开具账单

开具账单包括编制和向顾客寄送事先连续编号的销售发票。这项功能所针对的主要问题是:是否对所有装运的货物都开具了账单("完整性"认定问题);是否只对实际装运的货物开具账单,有无重复开具账单或虚构交易("发生"认定问题);是否按已授权批准的商品价目表所列价格计价开具账单("准确性"认定问题)。

6. 记录销售

记录销售的过程包括区分赊销、现销,按销售发票编制转账记账凭证或现金、银行存款收款凭证,再据以登记销售明细账和应收账款明细或库存现金、银行存款日记账。

只依据附有有效装运凭证和销售单的销售发票记录销售。装运凭证和销售单能证明销售交易的发生及发生的日期。记录销售的职责应与处理销售交易的其他功能相分离。对记录过程中所涉及的有关记录的接触予以限制,以减少未经授权批准的记录发生。定期向客户寄送对账单,要求客户将任何例外情况直接向指定的未执行或记录销售交易的会计主管报告。

7. 办理和记录现金、银行存款收入

在办理和记录现金、银行存款收入时,最应关心的是货币资金失窃的可能性。在这方面,汇款通知单起着很重要的作用。采用汇款通知书能使现金立即存入银行,可以提高对资产保管的控制。汇款通知书应注明客户的姓名、销售发票号码、销售单位开户银行账号以及金额等内容。汇款通知书与销售发票一起寄给客户,由客户在付款时再寄回销售单位。

8. 办理和记录销售退回、销售折扣与折让

顾客如果对商品不满意,销售企业一般都会同意接受退货,或者给予一定的销售折让;

顾客如果提前支付货款，销售企业则可能会给予一定的销售折扣。发生折扣与折让须经授权批准，确保与办理此事有关的部门和职员各司其职，分别控制实物流和会计处理。

折扣与折让不是财务报表项目，它的漏记会导致财务报表相关项目违反"准确性"或"计价和分摊"认定，而非主营业务收入的"发生"认定。在这方面，严格使用贷项通知单无疑会起到关键的作用。贷项通知单是一种用来表示由于销售退回或经批准的折让而引起的应收销货款减少的凭证。这种凭证的格式通常与销售发票的格式相同，只不过它不是用来证明应收账款的增加，而是用来证明应收账款的减少。

9. 注销坏账

当某项货款无法收回时，就必须注销这笔货款。坏账审批表是一种用来批准将某些应收款项注销为坏账，仅在企业内部使用的凭证。注销坏账的处理方法是获取货款无法收回的确凿证据，经管理当局审批后，及时进行相应的会计处理。已冲销的应收账款应登记在备查簿中，加以控制，以防已冲销的应收账款后期又收回时被相关人员贪污。如果欠款客户仍在，应继续追款。

10. 提取坏账准备

坏账准备提取的数额必须能够抵补企业以后无法收回的销货款。

（二）销售与收款循环的主要凭证和会计记录

销售与收款循环所涉及的主要凭证和账簿资料包括以下内容。

1. 顾客订购单

顾客订购单是顾客提出的书面购货要求。企业可以通过销售人员或其他途径，如采用电话、信函和向现有的及潜在的顾客发送订货单等方式接受订货，取得顾客订货单。顾客订购单作为一种外部证据，是一项销售交易发生的起点，是"发生"认定的证据。

2. 销售单

销售单是企业处理客户订购单的内部凭据，列示所订商品的名称、规格、数量及其他有关信息，全程反映销售交易的轨迹。赊销审批、出库、发货、开票、记账都与其相关。

3. 发运凭证

发运凭证是在发运货物时编制的凭据，用以反映发出商品的规格、数量和其他有关信息内容。发运凭证的一联给客户，其余企业保留，可用作向客户开具账单的依据。

4. 销售发票

销售发票用来表明已销售商品的名称、规格、数量、价格、销售金额、运费和保险费、开票日期、付款条件等内容。以增值税发票为例，销售发票的抵扣联和记账联，一联寄送客户，联由企业保留。

5. 商品价目表

商品价目表是已经授权批准的、可供销售的各种商品的价格清单。商品价目表是开具销售发票的依据。销售发票的单价要与商品价目表一致，数量要与发运凭证一致。

6. 应收账款账龄分析表

应收账款账龄分析表一般按月编制，反映月末尚未收回的应收账款总额和账龄，并详细反映每个顾客月末尚未偿还的应收账款数额和账龄。

7. 应收账款明细账

应收账款明细账是用来记录每个顾客各项赊销、还款、销售退回及折让的明细账。各应收账款明细账的余额合计数应与应收账款总账的余额相等。

8. 主营业务收入明细账

主营业务收入明细账是记录销售交易的明细账，记载和反映不同类别商品或服务的营业收入的明细发生情况和总额。

9. 折扣与折让明细账

企业可能为提早收回销售货款而给予客户销售折扣，也可能因商品品种、质量等原因而给予客户销售折让。折扣与折让明细账反映折扣和折让的情况。企业也可以不设置折扣与折让明细账，而将该类业务记录于主营业务收入明细账。

10. 贷项通知单

贷项通知单是一种用来表示由于销售退回或经批准的折让而引起的应收销货款减少的凭证。格式与销售发票相同，是用来证明应收账款减少的凭证。

11. 汇款通知书

汇款通知书是注明客户姓名、销售发票号码、销售单位开户银行账号以及金额等内容，与销售发票一起寄给客户，由客户在付款时寄回销售单位的凭证。如客户没有将汇款通知书随同货款一并寄回，一般应由收受邮件的人员在开拆邮件时再代编一份汇款通知书。

12. 库存现金日记账和银行存款日记账

库存现金日记账和银行存款日记账是记录应收账款的收回或现销收入以及其他各种现金、银行存款收入和支出的日记账。

13. 坏账审批表

坏账审批表是一种用来批准将应收款项注销为坏账，仅在企业内部使用的凭证。

14. 顾客月末对账单

顾客月末对账单是一种按月寄送给客户，用于购销双方定期核对账目的凭证。顾客月末对账单应注明应收账款的月初余额、本月各项销售交易的金额、本月已收到的货款、各贷项通知单的数额以及月末余额等内容。

15. 转账凭证和收款凭证

销售与收款循环的记账凭证一般有转账凭证和收款凭证,转账凭证是指根据转账业务(不涉及现金、银行存款收付的各项业务)原始凭证编制的记账凭证,收款凭证是指用来记录现金和银行存款收入业务的记账凭证。

二、销售与收款循环的内部控制

(一)销售交易的内部控制

1. 适当的职责分离

适当的职责分离有助于防止各种有意或无意的错误。企业有关销售与收款业务相关职责适当分离的基本要求通常包括:

(1)企业应当将办理销售、发货、收款三项业务的部门(或岗位)分别设立。

(2)企业在销售合同订立前,应指定专门人员就销售价格、信用政策、发货及收款方式等具体事项与客户进行谈判。

(3)谈判人员至少两人以上,并与订立合同的人员相分离。

(4)编制销售发票通知单的人员与开具销售发票的人员应相互分离。

(5)销售人员应当避免接触销货现款。

(6)企业应收票据的取得和贴现必须经由保管票据以外的主管人员的书面批准。

2. 恰当的授权审批

注册会计师应当关注以下四个关键点上的审批程序:

(1)在销售发生之前,赊销已经正确审批。

(2)非经正当审批,不得发出货物。

(3)销售价格、销售条件、运费、折扣等必须经过审批。

(4)审批人应当根据销售与收款授权批准制度的规定,在授权范围内进行审批,不得超越审批权限。对于超过企业既定销售政策和信用政策规定范围的特殊销售交易,企业应当进行集体决策。

前两项控制的目的在于防止企业因向虚构的或者无力支付货款的客户发货而蒙受损失;价格审批控制的目的在于保证销售交易按照企业定价政策规定的价格开票收款;对授权审批范围设定权限的目的则在于防止因审批人决策失误而造成严重损失。

3. 充分的凭证和记录

每个企业交易的产生、处理和记录等制度都有其特点,因此也许很难评价其各项控制是否足以发挥最大的作用。然而，只有具备充分的记录手续，才有可能实现其他各项控制目标。

4.凭证的预先编号

对凭证预先进行编号，旨在防止销售以后遗漏向客户开具账单或登记入账，也可防止重复开具账单或重复记账。由收款员对每笔销售开具账单后，将发运凭证按顺序归档；而由另一位职员定期检查全部凭证的编号，并调查凭证缺号的原因，就是实施这项控制的一种方法。

5.按月寄出对账单

由不负责现金出纳和销售及应收账款记账的人员按月向客户寄发对账单，能促使客户在发现应付账款余额不正确后及时反馈有关信息。为了使这项控制更加有效，最好将账户余额中出现的所有核对不符的账项，指定一位既不掌管货币资金也不记录主营业务收入和应收账款的主管人员处理，然后由独立人员按月编制对账情况汇总报告并提交管理层审阅。

6.内部核查程序

内部审计人员或其他独立人员核查销售交易的处理和记录，是实现内部控制目标所不可缺少的一项控制措施。

（二）收款交易的内部控制

每个企业的性质、所处行业、规模以及内部控制健全程度等不同，使得其与收款交易相关的内部控制内容有所不同，通常应当共同遵循以下与收款交易相关的内部控制。

（1）企业应当按照《现金管理暂行条例》《支付结算办法》等规定，及时办理销售收款业务。

（2）企业应将销售收入及时入账，不得账外设账，不得擅自收支现金。销售人员应当避免接触销售现款。

（3）企业应当建立应收账款账龄分析制度和逾期应收账款催收制度。销售部门应当负责应收账款的催收，财会部门应当督促销售部门加紧催收。对催收无效的逾期应收账款可通过法律程序予以解决。

（4）企业应当按客户设置应收账款台账，及时登记每一客户应收账款余额增减变动情况和信用额度使用情况。对长期往来客户应当建立起完善的客户资料，并对客户资料实行动态管理，且及时更新。

（5）企业对于可能成为坏账的应收账款应当报告有关决策机构，由其进行审查，确定是否确认为坏账。企业发生的各项坏账，应查明原因、明确责任，并在履行规定的审批程序后做出会计处理。

（6）企业注销的坏账应当进行备查登记，做到账销案存。已注销的坏账又收回时应当及时入账，防止形成账外资金。

（7）企业应收票据的取得和贴现必须经由保管票据以外的主管人员的书面批准。应有专人保管应收票据，对于即将到期的应收票据，应及时向付款人提示付款；已贴现票据应在备查簿中登记，以便日后追踪管理；并应制定逾期票据的冲销管理程序和逾期票据追踪监控制度。

（8）企业应当定期与往来客户通过函证等方式核对应收账款、应收票据、预收款项等往来款项。如有不符，应查明原因并及时处理。

三、销售与收款循环的控制测试

如果在评估认定层次重大错报风险时预期控制的运行是有效的，注册会计师应当实施控制测试，就控制在相关期间或时点的运行有效性获取充分、适当的审计证据。这意味着注册会计师无须测试针对销售与收款交易的所有控制活动。只有认为控制设计合理、能够防止或发现并纠正认定层次的重大错报，注册会计师才有必要对控制运行的有效性实施测试。

控制测试所使用的审计程序的类型主要包括询问、观察、检查、重新执行和穿行测试等，注册会计师应当根据特定控制的性质选择所需实施审计程序的类型。销售与收款循环的控制测试包括以下内容。

（一）抽取销售发票

注册会计师在执行控制测试时，可以抽取一定数量的销售发票，做如下检查：

（1）检查发票是否连续编号，作废发票的处理是否正确。

（2）核对销售发票与销售通知单、发货单（或提货单）所载明的品名、规格、数量、价格是否一致。

（3）检查销售通知单上是否有负责信用核准人员的签字。

（4）复核销售发票中所列的数量、单价和金额是否正确。

（5）从销售发票追查至有关的记账凭证、应收账款明细账及主营业务收入明细账，确定企业是否正确、及时地登记有关凭证和账簿。

（二）抽查发货单（或提货单）

抽取一定数量的发货单（或提货单），检查发货单（或提货单）是否连续编号，并与相关的销售发票核对，检查已发出的商品是否均已向顾客开出发票。

（三）抽查主营业务收入的相关账簿记录

从主营业务收入明细账中抽取一定数量的会计记录，并与有关的记账凭证和销售发票进行核对，以确定是否存在收入高估或低估的情况。

（四）检查销售调整业务的相关凭证

抽取一定数量的销售调整业务的会计凭证，检查销售退回、折扣、折让的核准与会计核算。

（1）确定销售退回与折让的批准与贷项通知单的签发职责是否分离。

（2）确定现金折扣是否经过适当授权，授权人和收款人的职责是否分离。

（3）检查销售退回和折让是否附有按顺序编号并经主管人员核准的贷项通知单。

（4）检查退回的商品是否具有仓库签发的退货验收报告（或入库单），并将验收报告的数量、金额与贷项通知单等进行核对。

（5）确定退货、折扣、折让的会计记录是否正确。

（五）抽查应收账款的相关记录

抽取一定数量的记账凭证和应收账款明细账，做如下检查：

（1）从应收账款明细账中抽取一定的记录并与相应的记账凭证进行核对，比较二者登记的时间和金额是否一致。

（2）从应收账款明细账中抽查一定数量的坏账注销业务，并与相应的记账凭证和原始凭证进行核对，确定坏账的注销是否合乎有关法规规定，企业主管人员是否核准等。

（3）确定企业是否定期与顾客对账，在可能的情况下，将企业一定期间的对账单与相应的应收账款明细账的余额进行核对，如有差异，应进行追查。

（六）观察

观察职员获得或接触资产、凭证和记录（包括存货、销售通知单、发货单、销售发票、凭证和账簿、现金和支票等）的途径，并观察职员在执行授权、发货、开票等职责时的表现，确定企业是否存在必要的职务分离，内控的执行过程中是否存在弊端。

（七）评价内部控制

在对客户的内部控制制度进行必要的了解和测试之后，审计人员应当对其控制风险做出评价，并考虑是否需要调整对重大错报风险的评估水平，进而对实质性程序的内容做出相应的调整。同时，对测试过程中发现的问题，应当在工作底稿中做出记录，并以适当的形式告知被审计单位管理层。

三、主营业务收入的实质性程序

（一）主营业务收入的审计目标

（1）确定本期已入账的主营业务收入是否已真实发生；

（2）确定所有应当记录的主营业务收入是否均已记录；

（3）确定与主营业务收入有关的金额是否正确，包括对销售退回、销售折扣与折让的处理是否适当；

（4）确定主营业务收入是否已记录于正确的会计期间；

（5）确定主营业务收入是否已按照企业会计准则的规定在财务报表中做出恰当的列报。

（二）主营业务收入的实质性程序

1. 获取或编制主营业务收入明细表

获取或编制主营业务收入明细表，复核加计正确，并与总账数和明细账合计数核对是否相符，结合其他业务收入科目与报表营业收入核对相符。

2. 检查主营业务收入的确认原则和方法

检查主营业务收入的确认条件、方法是否符合企业会计准则，前后期是否一致；关注周期性、偶然性的收入是否符合既定的收入确认原则、方法。企业商品销售收入应在下列条件均能满足时再予以确认。

（1）企业已将商品所有权上的主要风险和报酬转移给购货方；

（2）企业既没有保留通常与所有权相联系的继续管理权，也没有对已售出的商品实施有效控制；

（3）收入的金额能够可靠地计量；

（4）相关的经济利益很可能流入企业；

（5）相关的已发生或将发生的成本能够可靠地计量。

因此，对主营业务收入的实质性程序，应在了解被审计单位确认产品销售收入的会计政策的基础上，重点测试被审计单位是否依据上述五个条件确认产品销售收入。需要注意的是，被审计单位采取的销售方式不同，确认销售的时点也是不同的。

3. 实施实质性分析程序

（1）将本期的主营业务收入与上期的主营业务收入、销售预算或预测数等进行比较，分析主营业务收入及其构成的变动是否异常，并分析异常变动的原因；

（2）比较本期各月各类主营业务收入的波动情况，分析其变动趋势是否正常，是否符合被审计单位季节性、周期性的经营规律，查明异常现象和重大波动的原因；

（3）计算本期重要产品的毛利率，与预算数据或同行业企业进行对比分析，检查是否存在异常，各期之间是否存在重大波动，查明原因；

（4）计算本期对重要客户的销售额及相关产品的毛利率，与上期数进行比较，分析是否存在异常；

（5）根据增值税发票申报表或普通发票，估算全年收入，与实际收入金额比较。

4. 对本期业务进行一定的检查

（1）获取产品价格目录，抽查售价是否符合价格政策，并注意销售给关联方或关系密切的重要客户的产品价格是否合理，有无以低价或高价结算的方法相互之间转移利润的现象。

（2）抽查销售业务的原始凭证（发票和发货单等），并追查至相应的记账凭证和明细账，确定销售收入是否真实、销售记录是否完整。

（3）从主营业务收入明细账中挑选若干样本，并与相应的发票、订单、发货单（或提货单）的内容进行核对，并验算发票金额的正确性。

5. 函证本期销售额

主营业务收入通常不需要进行函证，可结合对应收账款实施的函证程序，选择主要客户函证本期销售额。

6. 实施销售的截止测试

对主营业务收入实施截止测试，其目的主要在于确定被审计单位主营业务收入的会计记录归属期是否正确，应记入本期或下期的主营业务收入是否被推延至下期或提前至本期。

在审计中应该把握三个与主营业务收入确认有着密切关系的日期：一是发票开具日期或者收款日期；二是记账日期；三是发货日期。这里的发票开具日期是指开具增值税专用发票或普通发票的日期；记账日期是指被审计单位确认主营业务收入实现并将该笔经济业务记入主营业务收入账户的日期；发货日期是指仓库开具出库单并发出库存商品的日期。检查三者是否归属于同一适当会计期间是主营业务收入截止测试的关键所在。

实施销售的截止测试可以采用以下方法。

（1）选取资产负债表日前后若干天一定金额以上的发运凭证，与应收账款和收入明细账进行核对；同时，从应收账款和收入明细账选取在资产负债表日前后若干天一定金额以上的凭证，与发运凭证核对，以确定销售是否存在跨期现象。前者以发运凭证为起点，后者以账簿记录为起点，是两种常用的截止测试的路线。

（2）复核资产负债表日前后销售和发货水平，确定业务活动水平是否异常，并考虑是否有必要追加实施截止测试程序。

（3）取得资产负债表日后所有的销售退回记录，检查是否存在提前确认收入的情况。

（4）结合对资产负债表日应收账款的函证程序，检查有无未取得对方认可的大额销售。

在截止测试中，如果发现存在跨年度的大额销售项目则应予以调整。

7. 检查特殊的销售处理业务

（1）存在销货退回的，检查相关手续是否符合规定，结合原始销售凭证检查其会计处理是否正确，结合存货项目审计关注其真实性。

（2）存在销售折扣与折让的，应取得被审计单位有关折扣或折让的具体规定和其他文件资料，并抽查较大的折扣与折让发生额的授权批准情况，折扣与折让的会计处理是否正确，销售折扣与折让是否及时足额提交对方，有无虚设中介、转移收入、私设账外"小金库"等情况。

（3）检查有无特殊的销售行为，如附有销售退回条件的商品销售、委托代销、售后回购、以旧换新、商品需要安装和检验的销售、分期收款销售、出口销售、售后租回等，选择恰当的审计程序进行审核。

8. 确定主营业务收入是否在利润表上恰当披露

注册会计师需要确定被审计单位的主营业务收入在利润表的列示是否恰当。同时，需要关注被审计单位是否在财务报表附注中按照企业会计准则的规定进行相关披露。

四、应收账款的实质性程序

（一）应收账款的审计目标

（1）确定应收账款是否存在；
（2）确定应收账款是否归被审计单位所有；
（3）确定应收账款的记录是否完整；
（4）确定应收账款的期末余额是否正确；
（5）确定应收账款在财务报表上的披露是否恰当。

（二）应收账款的实质性程序

1. 获取或编制应收账款余额明细表

（1）复核加计正确，并与总账数和明细账合计数核对是否相符；结合坏账准备科目与报表数核对是否相符。应当注意，在资产负债表上反映的是应收账款净值。

（2）分析有贷方余额的项目，查明原因，必要时，建议做重分类调整。

（3）结合其他应收款、预收款项等往来项目的明细余额，调查有无同一客户多处挂账、异常余额或与销售无关的其他款项。如有，应做出记录，必要时提出调整建议。

2. 实施分析程序

在进行分析程序时，应重点关注以下两点：

（1）应收账款、坏账准备的本期数与本企业的历史数据及同行业的平均水平进行比较。

（2）进行比率分析，并将本期数与本企业的历史数据及同行业的平均水平进行比较。

被审计单位的应收账款周转率有所下降，应收账款占流动资产的比重上升，说明应收账款回收方面存在一定的问题，一方面建议加强对应收账款的管理，另一方面注意坏账准备的计提是否充分。

3. 分析应收账款的账龄及余额构成

注册会计师可以通过编制或索取应收账款账龄分析表来分析应收账款的账龄。

一方面，可以测试应收账款账龄分析表计算的准确性；另一方面，可以分析各项应收账款的可收回性，进而判断坏账准备计提的充分性；还可以为确定函证的对象提供依据。

4. 应收账款函证

应收账款函证是指注册会计师直接发询证函给被审计单位的债务人，要求核实被审计单位应收账款记录是否正确的一种审计方法。

函证所获取的证据属于外部证据，具有可靠性较强的特点。通过函证应收账款，可以有效地证明被询证者的存在和被审计单位记录的可靠性。《中国注册会计师审计准则第1312号——函证》规定："注册会计师应当对应收账款实施函证程序，除非有充分证据表明应收账款对财务报表不重要，或函证很可能无效。如果认为函证很可能无效，注册会计师应当实施替代审计程序，获取充分、适当的审计证据。如果不对应收账款函证，注册会计师应当在审计工作底稿中说明理由。"

（1）函证的时间。通常以资产负债表日为截止日，在资产负债表日后适当时间函证。如重大错报风险低，可选择资产负债表日前适当日期为截止日，并对该截止日起至资产负债表日止发生的变动实施实质性程序。

（2）函证的范围和对象。函证的范围即函证的数量取决于以下因素：①应收账款在全部资产中的重要性；②被审计单位内部控制的强弱；③以前期间的函证结果。

函证的对象一般包括但不限于：①大额或账龄较长的项目；②与债务人发生纠纷的项目；③重大关联方项目；④主要客户项目；⑤交易频繁但期末余额较小甚至余额为零的项目；⑥可能产生重大错报或舞弊的非正常项目。

（3）函证的方式。函证的方式分为积极式函证和消极式函证两种。

积极式函证是指要求被询证者直接向注册会计师回复，表明是否同意询证函所列示的信息，或填列所要求的信息的一种询证方式。积极式函证主要适用于以下情况：个别账户的欠款金额较大；有理由相信欠款可能存在争议、差错或问题。

消极式函证是指要求被询证者只有在不同意询证函所列示的信息时才直接向注册会计师回复的一种询证方式。积极式函证通常比消极式函证提供的审计证据更具可靠性。注册会计师可采用积极式或消极式的函证程序，也可以将两种方式结合使用。

除非同时满足下列条件，否则注册会计师不得将消极式函证作为唯一的实质性程序，以应对评估的认定层次重大错报风险：注册会计师将重大错报风险评估为低水平，并就与认定相关的控制的运行有效性获取充分、适当的审计证据；需要实施消极式函证程序的总体由大量的小额、同质的账户余额、交易或事项构成；预期不符事项的发生率很低；没有迹象表明接收询证函的人员或机构不认真对待函证。

（4）函证的控制。当实施函证程序时，应该通过函证结果汇总表的方式对询证函的收回情况加以控制。

当在合理的时间内没有收到询证函回函时，注册会计师可以再次发出询证函。例如，重新确认原地址的准确性后，注册会计师再次发出询证函予以跟进。如果仍得不到回复，可以通过电话与被审计单位的客户联系或考虑实施替代程序，并根据替代程序结果判断被审计单位债权的真实性。

（5）不符事项。注册会计师应当调查不符事项，以确定是否表明存在错报。询证函回函中指出的不符事项可能显示财务报表存在错报或潜在错报。当识别出错报时，注册会计师需要评价该错报是否表明存在舞弊。不符事项可以为注册会计师判断来自类似的被询证者回函的质量及类似回函质量提供依据。不符事项还可能显示被审计单位与财务报表相关的内部控制存在缺陷。

另外，某些不符合事项并不表明存在错报。主要表现为：
①询证函发出时，债务人已经付款，被审计单位尚未收到；
②询证函发出时，被审计单位的货物已经发出并已做销售记录，但货物仍在途中，债务人尚未收到货物；
③债务人由于某种原因将货物退回，而被审计单位尚未收到；
④债务人对收到的货物的数量、质量及价格等方面有异议而全部或部分拒付货款等。

5. 审查未函证的应收账款

对未发询证函的应收账款，应抽查有关原始凭证，如销售通知单、销售发票等，以验证这些应收账款的真实性和可收回性；如有逾期或其他异常事项，由被审计单位做出合理解释，必要时进行函证。

6. 截止测试

结合主营业务收入的审计，在应收账款明细账余额中挑选一定数量的资产负债表日前后的样本，核对应收账款明细账与主营业务收入明细账、库存现金和银行存款日记账及相关原始凭证的金额或数量是否相符，并确定有关业务（销售、收款）是否已被记入恰当的会计期间。在赊销业务中，基本的原则是如果发货单（或提货单）与销售发票的时间属于不同年度，应以发货单（或提货单）上的时间为准来登记相关的应收账款明细账和主营业务收入明细账。

7. 所有权测试

复查董事会会议记录、银行确认函、法律信函和其他相关记录，并从管理层获取有关应收账款所有权的陈述。确定企业对其账面记录的应收账款是否具有所有权。

8. 审查本期的收款业务

除了对应收账款的收回进行截止测试以外，对于会计期间内的收款业务也应进行适当的抽查，通过将明细账户的金额与相关的会计凭证（记账凭证、支票、银行本票等）进行核对，来确定本期的收款业务是否在正确的明细账户内登记了恰当的金额。

9. 审查坏账损失的处理

（1）检查应收账款（包括应收账款、其他应收款等应收项目）中有无债务人破产，破产财产清偿后仍无法收回的款项，或者应收账款逾期三年以上等情况。

（2）检查年度内坏账损失的原因是否清楚，有无授权批准，有无已作坏账损失处理后又收回款项。

（3）按计提坏账准备的范围、标准测算已提坏账准备是否充分（采用账龄分析法测算坏账准备计提合理性，并核对坏账准备总账余额与报表数是否相符。

10. 确定应收账款是否已在资产负债表上恰当披露

根据相关规定，资产负债表的"应收账款"项目应根据"应收账款"账户所属明细科目的期末余额合计减去"坏账准备"科目中有关应收账款计提的坏账准备期末余额后的金额填列如果被审计单位设立"预收账款"账户，应注意"应收账款"项目的数额是否根据"应收账款"和"预收账款"账户所属的明细账户的期末借方余额的合计数填列；如果被审计单位未设立"预收账款"账户，就应注意"应收账款"项目的数额是否根据"应收账款"账户所属的明细账户的期末借方余额的合计数填列。

第二节　采购与付款循环审计

一、采购与付款循环概述

（一）采购与付款循环的主要业务活动

采购与付款业务是指企业采购原材料、低值易耗品、包装物、固定资产等资产项目并支付相关款项的经营活动。采购业务是由填制请购单开始，经主管人员审批后选取供应商并填写采购单、验收商品入库、登记购货业务，最终支付款项登记付款业务而结束。

1. 请购

生产部门或仓库保管员等根据需要填制一式两联的请购单交至采购部门，经主管人员审核批准后，采购部门填制订购单或准备购货合同。请购单是证明有关采购交易"发生"认定的凭据之一，也是采购交易轨迹的起点。

2. 采购

采购人员从公司事先确定的供应商名单中选取一家供应商，根据经审核的请购单填制一式四联的订购单(或与之签订购物合同)。订购单(或购物合同)的第一联交给供应商,第二联交给仓库的验收人员,第三联交给会计人员,第四联由采购部门留存。

订购单应正确填写所需要的商品品名、数量、价格、厂商名称和地址等,预先予以编号并经过被授权的采购人员的签名。之后,应独立检查订购单的处理,以确定是否确实收到商品并正确入账。这项检查与采购交易的"完整性"认定相关联。

3. 验收入库

货物送达企业后,应由仓库人员根据订购单(或购物合同)上的数量、规格、型号进行验收填制一式两联的入库单。第一联交给会计人员,入库单的第二联和订购单的第二联由仓库保存。定期独立检查验收单的顺序以确定每笔采购交易都已编制凭单,与采购交易的"完整性"认定有关。

4. 登记购货业务

财务部门的会计人员在收到请购单的第一联、订购单的第三联、入库单的第一联以及购货发票后,将上述四种凭证上的品名、数量、单价进行核对,并重新核对购货发票计算的正确性。

核对无误后,会计人员填制一式两联的应付凭单,并且编制记账凭证,登记应付账款明细账和原材料明细账等。同时,会计人员将请购单的第一联、订购单的第三联、入库单的第一联、购货发票、应付凭单的第一联转交出纳。

5. 支付款项

在企业与供应商约定的付款日,出纳在请购单的第一联、订购单的第三联、入库单的第一联、购货发票、应付凭单的第一联核对无误的情况下,开出支票,并交由会计主管签发支票,然后将支票交给供应商。

6. 登记付款业务

出纳根据支票存根编制付款凭证,登记银行存款日记账,会计人员根据付款业务登记应付账款明细账。

(二)采购与付款循环涉及的主要凭证和账簿资料

1. 请购单

请购单是由资产的使用部门或仓库管理部门填写,用于申请购买商品、劳务或其他资产的书面凭证。

2. 订购单

订购单是由采购部门填写,用来记录企业要向供应商购买订购单上所指定的商品、劳务或其他资产的名称、数量及有关资料的书面凭证。

3. 验收单

验收单是企业收到商品、资产时编制，用来记录收到的商品、资产的名称、种类、收到数量及其他资料的凭证。

4. 卖方发票

卖方发票是由供应商开具，交给买方以载明发运的货物或提供的劳务、应付款金额和付款条件以及开单日期等事项的凭证。

5. 付款凭单

付款凭单是载明已收到商品、资产或接受劳务的厂商、应付款金额和付款日期的凭证，是企业内部记录和支付负债的授权证明文件。

6. 付款凭证和转账凭证

付款凭证包括现金付款凭证和银行存款付款凭证，是用来记录现金和银行存款支出业务的记账凭证。转账凭证是记录转账业务的记账凭证，它根据有关转账业务的原始凭证编制。

7. 应付账款明细账和库存现金、银行存款日记账

企业通常应按供货单位设置应付账款明细账，用来记录企业向各供货单位的赊购金额、货款支付及应付账款金额等内容。货款的支付应及时登记库存现金日记账和银行存款日记账。

8. 卖方对账单

卖方对账单是由供货方按月编制，标明期初余额、本期购买、本期支付给卖方的款项和期末余额的凭证。卖方对账单是供货方对有关业务的陈述，如果不考虑买卖双方在收发货物上可能存在的时间差等因素，其期末余额通常与采购方相应的应付账款的期末余额一致。

（三）采购与付款循环的审计目标

采购与付款业务审计的总目标是评价采购与付款循环影响的各账户余额是否按照适用会计准则进行了公允反映，具体为：

（1）确定已发生的购货与付款业务记录的完整性。由于少计或漏计应付账款而低估负债是被审计单位常见的舞弊手段，所以完整性是采购与付款循环审计的重要目标。

（2）确定采购与付款业务记录的资产是否归被审计单位所有，记录的负债是否是被审计单位承担的义务。

（3）确定采购与付款业务的真实性，主要包括两个方面：一方面是确定记录的采购与付款业务是否发生在被审计的会计期间；另一方面是确定采购与付款业务是否真实存在。

（4）确定采购与付款循环的估价或分摊是否正确，主要包括两个方面：一是确定采购金额和付款金额是否正确；二是确定采购与付款业务涉及的账户期末余额是否正确。

（5）确定采购与付款业务所涉及的报表项目分类、表达和披露是否恰当。

二、采购与付款循环的内部控制与控制测试

（一）采购交易的内部控制

采购交易与销售交易无论在控制目标还是在关键内部控制方面，就原理而言大同小异，以下仅就采购交易内部控制的特殊之处予以说明。

1. 适当的职责分离

企业应当建立采购与付款交易的岗位责任制，明确相关部门和岗位的职责、权限，确保办理采购与付款交易的不相容岗位相互分离、制约和监督。采购与付款交易不相容岗位至少包括：请购与审批；询价与确定供应商；采购合同的订立与审批；采购与验收；采购、验收与相关会计记录；付款审批与付款执行。这些都是对企业提出的，有关采购与付款交易相关职责适当分离的基本要求，以确保办理采购与付款交易的不相容岗位相互分离、制约和监督。

2. 内部核查程序

企业应当建立对采购与付款交易内部控制的监督检查制度。采购与付款交易内部控制监督检查的主要内容通常包括：

（1）采购与付款交易相关岗位及人员的设置情况。重点检查是否存在采购与付款交易不相容职务混岗的现象。

（2）采购与付款交易授权批准制度的执行情况。重点检查大宗采购与付款交易的授权批准手续是否健全，是否存在越权审批的行为。

（3）应付账款和预付账款的管理。重点审查应付账款和预付账款支付的正确性、时效性和合法性。

（4）有关单据、凭证和文件的使用和保管情况。重点检查凭证的登记、领用、传递、保管、注销等手续是否健全，使用和保管制度是否存在漏洞。

（二）付款交易的内部控制

对于每个企业而言，由于性质、所处行业、规模以及内部控制健全程度等不同，使得与付款交易相关的内部控制内容也有所不同，但以下与付款交易相关的内部控制内容是通常应当共同遵循的。

（1）企业应当按照《现金管理暂行条例》《支付结算办法》等有关货币资金内部会计控制的规定办理采购付款交易。

（2）企业财会部门在办理付款交易时，应当对采购发票、结算凭证、验收证明等相关凭证的真实性、完整性、合法性及合规性进行严格审核。

（3）企业应当建立预付账款和定金的授权批准制度，加强预付账款和定金的管理。

（4）企业应当加强应付账款和应付票据的管理，由专人按照约定的付款日期、折扣条件等管理应付款项。已到期的应付款项需经有关授权人员审批后方可办理结算与支付。

（5）企业应当建立退货管理制度，对退货条件、退货手续、货物出库、退货货款回收等做出明确规定，及时收回退货款。

（6）企业应当定期与供应商核对应付账款、应付票据、预付款项等往来款项。如有不符，应查明原因，并及时处理。

（三）固定资产的内部控制

许多从事制造业的被审计单位的固定资产在其资产总额中占有很大的比重，固定资产的购建会影响其现金流量，而固定资产的折旧、维修等费用则是影响其损益的重要因素。固定资产管理失控，所造成的损失远远超过一般的商品存货等流动资产。因此，为了确保固定资产的真实、完整、安全和有效利用，被审计单位应当建立和健全固定资产的内部控制。

1. 固定资产的预算制度

预算制度是固定资产内部控制中最重要的部分。通常，大中型企业应编制旨在预测与控制固定资产增减和合理运用资金的年度预算；小规模企业即使没有正规的预算，对固定资产的购建也要事先加以规划。

2. 授权批准制度

完善的授权批准制度包括：企业的资本性预算只有经过董事会等高层管理机构批准方可生效；所有固定资产的取得和处置均需经企业管理层书面认可。

3. 账簿记录制度

除固定资产总账外，被审计单位还需设置固定资产明细分类账和固定资产登记卡，按固定资产类别、使用部门和每项固定资产进行明细分类核算。固定资产的增减变化均应有充分的原始凭证。

4. 职责分工制度

对固定资产的取得、记录、保管、使用、维修、处置等，均应明确划分责任，由专门部门和专人负责。

5. 资本性支出和收益性支出的区分制度

企业应制定区分资本性支出和收益性支出的书面标准。通常需明确资本性支出的范围和最低金额，凡不属于资本性支出的范围、金额低于下限的任何支出，均应列作费用并抵减当期收益。

6. 固定资产的处置制度

固定资产的处置，包括投资转出、报废、出售等均要有一定的申请报批程序。

7. 固定资产的定期盘点制度

对固定资产的定期盘点，是验证账面各项固定资产是否真实存在、了解固定资产放置地点和使用状况以及发现是否存在未入账固定资产的必要手段。

8. 固定资产的维护保养制度

固定资产应建立维护保养制度，以防止其因各种自然和人为的因素而遭受损失，并应建立日常维护和定期检修制度，以延长其使用寿命。

作为与固定资产密切相关的一个项目，在建工程项目有其特殊性。在建工程的内部控制通常包括岗位分工与授权批准、项目决策控制、概预算控制、价款支付控制、竣工决算控制和监督检查等。

（四）采购与付款循环的控制测试

1. **检查采购与付款业务的业务凭证**

审计人员从采购部门的业务档案中抽取订货样本，索取其采购与付款业务的各种凭证与记录，沿着采购业务的正常程序加以追踪，进行如下的检查。

（1）检查每一笔采购业务是否均有请购单、订购单、购货发票和验收单，核对请购单、订购单、购货发票和验收单是否一致。

（2）检查请购单、订购单和验收单的编制和购货发票的核对及付款是否有适当的职责分工。

（3）检查每一笔采购业务的请购单、订购单及付款是否经过适当授权审批。

（4）核对请购单与订购单是否一致，请购单和订购单是否连续编号。

（5）核对采购合同上确定的价格、付款日期与财会部门核准的支付条件是否一致。

（6）检查合同是否经过有关部门审查，核对购货发票上所购物品的数量、规格、品种与合同是否一致。

2. **检查采购与付款业务的账务处理**

从请购单、订购单、购货发票和验收发票等原始凭证追查至应付账款明细账与总账、库存现金日记账、银行存款日记账等，以确定被审计单位编制的记账凭证是否正确，过账是否及时和正确。

3. **实地观察或询问物资的保管情况**

审计人员通过询问仓库管理人员其职责情况，实地观察存货的保管情况，以确定存货是否存放在安全的地点并由专人保管，并限制未经过批准的人员接触。

4. 检查账簿的核对

审计人员主要检查被审计单位是否定期核对采购与付款业务相关的明细账和总账，是否定期与供应商核对相关记录。

三、采购与付款循环的实质性程序

（一）应付账款的实质性程序

应付账款的实质性程序主要包括以下内容：

1. 获取或编制应付账款明细表

注册会计师应获取或编制应付账款明细表，复核其加计是否正确，并将明细表数与明细账、报表进行核对，在连续审计的情况下，还应将应付账款的期初余额与上期的工作底稿进行核对。

对应付账款明细表中的内容进行核查的过程中，要重点关注两个内容：（1）分析有借方余额的明细账目，查明原因，必要时做重分类调整；（2）确定有无不属于应付账款核算范围的款项被计入应付账款的情况，必要时做重分类调整。

2. 分析程序

（1）将本年度应付账款的期末余额与年初余额相比较，如出现异常变动（主要供应商的变化、借方余额所占比重变化、账龄分析等），应调查原因。

（2）详细分析重要供货商的应付账款变动趋势，可将重要往来账户的发生额与上年同期进行比较。

3. 抽查若干重要的供应商明细记录

注册会计师应抽取若干发生额（或余额）较大以及账户余额为 0 的供应商的对账单。如果对账单余额与应付账款明细账余额存在差异，应要求被审计单位根据对账单余额和相应应付账款明细账余额编制调节表，并要求其解释调节表中出现的大额调节项目和异常迹象的调节项目，注册会计师也可以根据实际情况确定是否需要对这些项目进行详细调查。

4. 审查期后付款

审查期后（资产负债表日后至审计外勤结束日止）的付款情况，确定是否存在被审计期间未入账的负债。

5. 函证应付账款

应付账款通常应采用积极式函证的方法。函证的对象包括应付账款明细账余额较大的供货商、本期与被审计单位有较大额的业务往来但应付账款余额较小的供货商、未能提供对账单的供货商等。

在被审计单位控制风险较高的情况下，注册会计师也有必要对应付账款进行函证。同时，注册会计师必须对函证的过程（包括选取需要函证的账户、询证函的起草、寄发和收回）进行控制，要求债权人直接回函，并根据回函情况编制与分析函证结果汇总表，对未回函的，应考虑是否再次进行函证。

如果存在未回函的重大项目，注册会计师应采用替代审计程序。比如，可以检查决算日后应付账款明细账及库存现金和银行存款日记账，核实其是否已支付，同时检查该笔债务的相关凭证资料，核实应付账款的真实性。

6. 截止测试

对于资产负债表日后一段时间的购货业务进行购货/应付账款截止测试。通过审核应付账款明细账、入库单、发票和其他相关凭证来确定购货是否记录在正确的期间内。

7. 确定应付账款的报表列示是否恰当

资产负债表中的"应付账款"项目应根据"应付账款"账户所属各明细账户的期末贷方余额合计填列。对于应付账款明细账中的借方余额，应提请客户进行重分类调整，反映在资产负债表中的"预付账款"。

（二）固定资产的实质性程序

固定资产的实质性程序主要包括以下内容。

1. 获取或编制固定资产和累计折旧分类汇总表

固定资产和累计折旧分类汇总表是固定资产审计的重要工作底稿，是分析固定资产账户余额变动情况的重要依据。审计人员应当注意复核固定资产及其累计折旧分类汇总表的加计数是否正确，并与明细账合计余额和总账的余额核对相符，结合累计折旧审计与报表数核对相符。

2. 分析程序

固定资产的分析程序包括：（1）本期折旧费用、维修费用分别与历史数据进行比较；（2）预算中的资本性支出与实际情况进行比较；（3）进行比率分析，并与本企业的历史数据和同行业的平均水平比较。

3. 检查新增固定资产

固定资产的增加有多种渠道，如购置、自行建造、接受捐赠、接受投资等。在会计期末，针对新增固定资产的审查主要从以下两个方面着手。

（1）确定新增固定资产的会计记录是否正确。抽查与新增固定资产有关的发票，及其他原始凭证，凭证手续是否齐备；其计价是否正确；是否已登记入账。

（2）确定新增固定资产是否真实存在。从固定资产明细账中抽查一定的样本，然后进行实地观察，可以发现高估资产的问题；将实地抽查的部分新增固定资产与固定资产明细账进行核对，则有可能发现低估资产的问题。

4. 检查固定资产的减少

固定资产的减少包括出售、报废、毁损、对外投资、对外捐赠等多种类型。要确定固定资产的减少是否合理，首先根据董事会和其他管理部门的会议记录，确认重要资产处理的合理性；然后通过抽查有关原始凭证及相关的会计记录，确定固定资产的减少是否有授权批准，会计处理是否正确。

5. 确定固定资产的折旧计算是否正确

注册会计师应在了解被审单位固定资产折旧政策的基础上，复核本期折旧范围是否合理，折旧金额是否正确。

《企业会计准则第4号——固定资产》允许企业采用的折旧方法包括年限平均法、工作量法、双倍余额递减法、年数总和法等。注册会计师需要注意：被审计单位的折旧方法选择是否恰当；折旧方法在被审计年度是否发生变动；折旧年限和残值的估计是否合理；折旧金额的计算是否正确；会计处理是否正确。

6. 确定固定资产的维修保养费用处理是否正确

抽查固定资产明细账、待摊费用等账户，确定被审计单位资本性支出与收益性支出的划分是否恰当，维护保养费用的账务处理是否合理。

7. 确定固定资产减值准备的计提是否恰当

根据《企业会计准则第8号——资产减值》的规定，企业应当在资产负债表日判断资产是否存在可能发生减值的迹象。如存在下列迹象，表明固定资产可能发生了减值：（1）固定资产当期市价大幅度下跌，其跌幅明显高于因时间推移或正常使用而预计的下跌；（2）企业经营所处的经济、技术或法律等环境及固定资产所处的市场在当期或将在近期发生重大变化，对企业产生不利影响；（3）市场利率或其他市场投资回报率在当期已经提高，影响企业计算固定资产预计未来现金流量现值的折现率，导致固定资产可收回金额大幅度降低；（4）有证据表明固定资产陈旧过时或者其实体已经损坏；（5）固定资产已经或者将被闲置、终止使用或者计划提前处置；（6）企业内部报告的证据表明固定资产的经济绩效已经低于或者将低于预期，如固定资产所创造的净现金流量或者实现的营业利润（或者损失）远远低于（或者高于）预计金额等；（7）其他表明资产可能已经发生减值的迹象。

如固定资产存在减值迹象，导致其可收回金额低于账面价值的，应将固定资产的账面金额减记至可收回金额，将减记的金额确认为固定资产减值损失，计入当期损益，同时计提相应的固定资产减值准备。固定资产减值损失一经确认，在以后会计期间不得转回。处置固定资产时原计提的减值准备应同时结转。

8. 确定固定资产和累计折旧等项目在资产负债表上的列示是否恰当

注册会计师应当根据前述各项审计内容,结合累计折旧的审计,确定资产负债表上有关固定资产数据的正确性,并注意固定资产的确认条件、分类、计价方法和折旧方法等是否已在财务报表附注中做恰当披露。

第三节 生产与存货循环审计

一、生产与存货循环概述

(一)生产与存货循环的主要业务活动

生产循环反映的是企业将购入的材料经过加工最后形成半成品或产成品(库存商品)的过程。生产循环所涉及的业务内容主要是存货的管理和生产成本的计算等。该循环与付款循环联系紧密,主要表现为原材料的购入;与销售与收款循环联系紧密,主要表现为产成品的销售。

1. 计划和安排生产

生产计划部门根据产品需求情况和自身生产能力来确定产品生产计划,并根据生产计划进行生产授权,即签发预先编号的生产通知单,同时编制材料需求报告,列示所需要的材料及其库存。

2. 领用原材料

生产部门由专人负责根据生产的需要填制领料单,向仓库领取材料。领料单上必须列示所需的材料数量和种类,以及领料部门的名称。仓库根据收到的领料单发出原材料。领料单通常一式三联,仓库发料并戳记后,将其中一联连同材料交给领料部门,另外两联经仓库登记材料明细账后,送会计部门进行材料收发核算和成本核算。

3. 生产产品

生产部门在收到生产通知单及领取原材料后,投入必要的人工成本、制造费用,进行产品的生产。在完成生产任务后,将完工的产品交验收人员查点,然后办理入库手续;或是将所完成的产品移交下一个部门,做进一步地加工。

4. 核算产品成本

为了正确核算并有效控制产品成本,必须建立健全成本会计制度,将生产控制和成本核算有机结合在一起。一方面,生产过程中的各种记录、生产通知单、领料单、计工单、入库单等文件资料都要汇集到会计部门,由会计部门对其进行检查和核对,了解和控制生产过程中存货的实物流转；另一方面，会计部门要设置相应的会计账户，会同有关部门对生产过程中的成本进行核算和控制。

5. 产品完工入库

仓库在收到已完工产品时，应当进行检验和检查，然后签收。签收后，将实际入库数量通知会计部门。据此，仓库确立了本身应承担的责任，并对验收部门的工作进行验证。除此之外，仓库部门还应根据产成品的品质特征分类存放，并填制标签。

6. 发出产成品

产成品的发出须由独立的发运部门进行。装运产成品时必须持有经有关部门核准的发运通知单，并据此编制出库单。出库单至少一式四联，一联交仓库部门；一联发运部门留存；一联送交顾客；一联作为给顾客开发票的依据。

（二）生产与存货循环涉及的主要凭证和会计记录

1. 生产通知单

生产通知单是企业下达制造产品等生产任务的书面文件，用以通知供应部门组织材料发放，生产车间组织产品制造，会计部门组织成本计算。

2. 领发料凭证

领发料凭证是企业为控制材料发出所采用的各种凭证，如材料发出汇总表、领料单、限额领料单、领料登记簿、退料单等。本书统一使用领料单的名称。

3. 产量和工时记录

产量和工时记录是登记工人或生产班组出勤内完成产品数量、质量和生产这些产品所耗费工时数量的原始记录。常见的产量和工时记录主要包括：工作通知单、工序进程单、工作班产量报告、产量通知单、产量明细表、废品通知单等。

4. 工薪汇总表及工薪费用分配表

工薪汇总表是为了反映企业全部工薪的结算情况，并据以进行工薪结算总分类核算和汇总整个企业工薪费用而编制的，它是企业进行工薪费用分配的依据。工薪费用分配表反映了各生产车间各产品应负担的生产工人工薪及福利费。

5. 材料费用分配表

材料费用分配表是用来汇总反映各生产车间的产品所耗费的材料费用的原始记录。

6. 制造费用分配汇总表

制造费用分配汇总表是用来汇总反映各生产车间各产品所应负担的制造费用的原始记录。

7. 成本计算单

成本计算单是用来归集某一成本计算对象所应承担的生产费用，是计算该成本计算对象的总成本和单位成本的记录。

8. 存货明细账

存货明细账是用来反映各种存货增减变动情况和期末库存数量及相关成本信息的会计记录。存货是指企业在生产经营过程中为销售或耗用而储存的各种资产，包括购入的原材料、燃料、包装物、低值易耗品等，处于生产过程的在产品、半成品等，以及生产完工的产成品。

二、生产与存货循环的内部控制与控制测试

（一）生产与存货循环的内部控制

生产与存货循环主要的业务活动和可能的错报环节及其关键控制点如表7-1所示。

表7-1 生产与存货循环可能的错报和关键控制点

业务活动	可能的错报	关键控制点
计划和安排生产	生产可能没有计划；生产规模可能过量或不足；定制生产的产品可能不符合客户的要求等	由生产计划经理签发预先按顺序编号的生产通知单；生产开始前，获取客户对于产品设计和规格的认可
领用原材料	原材料的发出可能未经授权或者发出用于生产的原材料可能不正确；原材料缺货可能导致生产延误；发出的原材料可能未分配或者未正确分配到生产任务中	仓库按已批准的生产通知单和签字的领料单发出原材料；由生产人员监督没有完成的原材料通知单，并跟进发出原材料的延误；由生产人员分别就每个生产阶段逐个签署生产任务通知单，以表明为每一项生产任务所记录的原材料是完整和准确的
生产产品	直接人工工时可能未被分配至正确的生产任务；直接机器工时可能未被分配至正确的任务	被记录或者未由管理层复核每日生产报告以及对直接人工总工时分配的调节表；被记录或者未由管理层复核例外报告，并改正分配直接人工工时和机器工时中的错误

续表

业务活动	可能的错报	关键控制点
产品完工入库	仓库可能接收了生产的残次品；仓库可能未记录接收的已完工产品	由质量控制人员检查每一生产阶段完工的存货，并签发预先按顺序编号的产成品验收单，以确保其在送达产成品仓库前符合质量标准； 仓库管理员应检查产成品验收单，并清点产成品数量在转移单上签字
储存产成品	产成品可能被盗	对产成品进行实物保护，如仅有经授权的员工才可以进入仓库； 在产成品仓库有选择地安装监控摄像机； 由管理层持续地对存货进行盘点，并调整存货实物数量和存货余额之间的差异
核算产品成本	分配至生产的存货的成本可能存在错误，包括：分配至生产的原材料的金额发生错误；直接人工工时和机器工时未正确分配至生产任务或分配的金额不正确； 分配给在产品和产成品的间接费用成本可能没有正确计算，可能未分配至正确的生产任务，或导致应该被费用化的部分可能被计入存货成本； 已完工产品的生产成本可能没有转移到产成品中	由管理层复核每日生产报告和例外报告，并采取措施纠正在产品在各阶段转移过程中的错误和分配错误； 由管理层定期审批间接费用分配率和分配基础或分配至在产品的标准成本； 由管理层定期复核并调查标准成本差异，并根据市场中的有关销售价格考虑产品的可变现净值； 由生产管理层复核每日的产成品报告，询问并调整任何与预期不一致的成本或产量

审计人员通过查阅被审计单位的有关规章制度、文件资料，向有关人员询问或现场调查等方式，了解被审计单位生产与存货循环的内部控制制度，并运用适当的方法进行描述，记入审计工作底稿。

通过了解被审计单位在生产与存货循环的内部控制方面存在的薄弱环节，审计人员可以执行穿行测试，以证实对交易流程和相关控制的了解是否正确和完整，并对其控制风险做出初步的评价。如果被审计单位的相关内部控制不存在，或者被审计单位的相关内部控制未得到有效执行，则注册会计师不应再继续实施控制测试，而应直接实施实质性程序。

（二）生产与存货循环的控制测试

1. 抽查生产通知单

针对计划和安排生产阶段，注册会计师可以抽取一定数量的生产通知单，做如下检查：

（1）检查生产通知单是否与生产计划一致。

（2）检查生产通知单是否经过批准，是否事先连续编号。

（3）对于定制生产（如适用），生产通知单是否附有客户认可的产品设计和规格等资料。

2. 抽查领料单

针对领取原材料，注册会计师可以抽取一定数量的领料单，做如下检查：

（1）检查领料单是否经过批准，是否连续编号，并将其与生产通知单进行比较。

（2）检查领料单是否与生产报告一致，如有差异是否及时处理。

3. 抽查生产记录文件

生产记录文件包括产量和工时记录、工薪汇总表及工薪费用分配表、材料费用分配表、制造费用分配汇总表、成本计算单以及生产报告。注册会计师可以抽取一定数量的生产记录文件，进行顺查或逆查，核实信息是否一致，成本结转是否正常，如有差异是否进行了及时处理。

4. 抽查产品的验收入库证明

针对完工产品入库，要分两个阶段即验收和入库，注册会计师可以做如下检查：

（1）抽取产成品验收单、产成品入库单并检查信息是否一致。

（2）检查仓库管理员在产成品转移单上的签字。

5. 审查对于存货报告的程序

（1）观察安保程序。

（2）观察存货控制程序，审查存货转移单。

（3）抽取原材料盘点明细表，检查其是否经适当层次复核，有关差异是否得到处理。

（4）抽取产成品存货盘点报告，检查是否经适当层次复核，有关差异是否得到处理。

6. 抽查产品成本核算的过程

成本会计制度的控制测试，包括直接材料成本控制测试、直接人工成本控制测试、制造费用控制测试和生产成本在当期完工产品与在产品之间分配的控制测试四项内容。

（1）直接材料成本控制测试

①对采用定额单耗的企业，可选择某一成本报告期若干种具有代表性的产品成本计算单，获取样本的生产指令或产量统计记录及其直接材料单位消耗定额，根据材料明细账或

采购业务测试工作底稿中各该直接材料的单位实际成本，计算直接材料的总消耗量和总成本，与该样本成本计算单中的直接材料成本核对，并注意下列事项：生产指令是否经过授权批准；单位消耗定额和材料成本计价方法是否适当，在当年度有无重大地变更。

②对未采用定额单耗的企业，可获取材料费用分配汇总表、材料发出汇总表（或领料单）、材料明细账（或采购业务测试工作底稿）中各该直接材料的单位成本，做如下检查：成本计算单中直接材料成本与材料费用分配汇总表中该产品负担的直接材料费用是否相符，分配标准是否合理；将抽取的材料发出汇总表或领料单中若干种直接材料的发出总量和各该种材料的实际单位成本之积，与材料费用分配汇总表中各该种材料费用进行比较，并注意领料单的签发是否经过授权批准，材料发出汇总表是否经过适当的人员复核，材料单位成本计价方法是否适当，在当年有无重大变更。

③对采用标准成本法的企业，获取样本的生产指令或产量统计记录、直接材料单位标准用量、直接材料标准单价及发出材料汇总表或领料单，检查下列事项：根据生产量、直接材料单位标准用量和标准单价计算的标准成本与成本计算单中的直接材料成本核对是否相符；直接材料成本差异的计算与账务处理是否正确；并注意直接材料的标准成本在当年度内有无重大变更。

（2）直接人工成本控制测试

①对采用计时工资制的企业，获取样本的实际工时统计记录、职员分类表和职员工薪手册（工资率）及人工费用分配汇总表，做如下检查：成本计算单中直接人工成本与人工费用分配汇总表中该样本的直接人工费用核对是否相符；样本的实际工时统计记录与人工费用分配汇总表中该样本的实际工时核对是否相符；抽取生产部门若干天的工时台账与实际工时统计记录核对是否相符；当没有实际工时统计记录时，则可根据职员分类表及职员工薪手册中的工资率，计算复核人工费用分配汇总表中该样本的直接人工费用是否合理。

②对采用计件工资制的企业，获取样本的产量统计报告、个人（小组）产量记录和经批准的单位工薪标准或计件工资制度，检查下列事项：根据样本的统计产量和单位工薪标准计算的人工费用与成本计算单中直接人工成本核对是否相符；抽取若干个直接人工（小组）的产量记录，检查是否被汇总计入产量统计报告。

③对采用标准成本法的企业，获取样本的生产指令或产量统计报告、工时统计报告和经批准的单位标准工时、标准 τ 时工资率、直接人工的工薪汇总表等资料，检查下列事项：根据产量和单位标准工时计算的标准工时总量与标准工时工资率之积同成本计算单中直接人工成本核对是否相符；直接人工成本差异的计算与账务处理是否正确，并注意直接人工的标准成本在当年内有无重大变更。

（3）制造费用控制测试

获取样本的制造费用分配汇总表、按项目分列的制造费用明细账、与制造费用分配标准有关的统计报告及其相关原始记录，做如下检查：制造费用分配汇总表中，样本分担的制造费用与成本计算单中的制造费用核对是否相符；制造费用分配汇总表中的合计数与样本所属成本报告期的制造费用明细账总计数核对是否相符；制造费用分配汇总表选择的分配标准（机器工时数、直接人工工资、直接人工工时数、产量等）与相关的统计报告或原始记录核对是否相符，并对费用分配标准的合理性做出评估；如果企业采用预计费用分配率分配制造费用，则应针对制造费用分配过多或过少的差额，检查其是否做了适当的账务处理；如果企业采用标准成本法，则应检查样本中标准制造费用的确定是否合理，计入成本计算单的数额是否正确，制造费用差异的计算与账务处理是否正确，并注意标准制造费用在当年度内有无重大变更。

（4）生产成本在当期完工产品与在产品之间分配的控制测试

检查成本计算单中在产品数量与生产统计报告或在产品盘存表中的数量是否一致；检查在产品约当产量计算或其他分配标准是否合理；计算复核样本的总成本和单位成本，最终对当年采用的成本会计制度做出评价。

三、存货的实质性程序

制造业企业的生产过程、成本核算可能很复杂，在生产过程中涉及的会计科目也比较多，反映到财务报表上，影响的报表项目主要有存货、应付职工薪酬、主营业务成本等。其中主营业务成本可以通过销售业务及存货的计价测试进行验证，因此，基于重要性原则及篇幅限制的原因，本节仅对存货的实质性程序进行了讲解。

（一）存货审计的目标

对存货实施实质性程序，首先要明确存货审计的目标：

（1）确定存货是否存在；

（2）确定存货是否归被审计单位所有；

（3）确定存货增减变动的记录是否完整；

（4）确定存货的品质状况，存货跌价的计提是否合理；

（5）确定存货的计价方法是否恰当；

（6）确定存货年末余额是否正确；

（7）确定存货在会计报表上的披露是否恰当。

（二）存货的实质性程序

为实现以上目标，注册会计师可以采用下面的实质性程序：

1.获取或编制存货明细表

获取或编制存货明细表，复核加计正确，并与报表数、总账数及明细账数合计数核对是否相符。

2.实施分析程序

在存货审计过程中，需要大量运用分析性程序来获取审计证据，并协助形成恰当的审计论。主要方法是比较法和比率分析法。内容如下：

（1）比较前后各期及本年度各个月份存货余额及其构成，以评价其合理性；

（2）比较前后各期及本年度各个月份成本总额及其料、工、费构成，以评价其合理性；

（3）比较前后各期及本年度各个月份主营业务成本及其单位销售成本，以评价其合理性；

（4）比较前后各年度存货周转率、销售毛利率、存货与流动资产比等，关注异常情况，分析潜在的风险。

3. 实施存货监盘

（1）存货监盘的定义和作用

存货监盘是指注册会计师现场观察被审计单位存货的盘点，并对已盘点的存货进行适当检查。存货监盘有两层含义：一是注册会计师应亲临现场观察被审计单位存货的盘点；二是在此基础上，注册会计师应根据需要抽查已盘点的存货。

出现无法实施存货监盘的特殊情况，注册会计师应当实施必要的替代程序，在绝大多数情况下都必须亲自观察存货盘点过程，实施存货监盘程序。

实施存货监盘，能获取有关期末存货数量和状况的充分、适当的审计证据；但并不能取代被审计单位管理层定期盘点存货，合理确定存货的数量和状况的责任。

存货监盘主要针对的是存货的存在认定、完整性认定以及权利和义务的认定。而在测试存货的所有权认定和完整性认定时，可能还需要实施其他审计程序。

（2）制定存货监盘计划应考虑的内容

注册会计师应当根据被审计单位存货的特点、盘存制度和存货内部控制的有效性等情况在评价被审计单位管理层制定的存货盘点程序的基础上，编制存货监盘计划，对存货监盘做出合理安排。在编制存货监盘计划时，注册会计师需要考虑以下事项：

①存货项目的重要程度。存货项目的重要程度直接关系到如何恰当地分配审计资源。

②与存货相关的重大错报风险。例如，与时装相关的服装行业，由于服装产品的消费者对服装风格或颜色的偏好容易发生变化，因此，存货是否过时是重要的审计事项。

③与存货相关的内部控制。注册会计师应当了解被审计单位与存货盘点相关的内部控制。

④实地察看存货的存放场所。有助于熟悉在库存货及其组织管理方式，也有助于在盘点工作进行前发现潜在问题。

⑤存货盘点的时间安排。如果存货盘点在财务报表日以外的其他日期进行，注册会计师还应当实施其他审计程序，以确定存货盘点日与财务报表日之间的存货变动是否已得到恰当的记录。

⑥存货的存放地点，以确定适当的监盘地点。如果被审计单位的存货存放在多个地点，

注册会计师可以要求被审计单位提供一份完整的存货存放地点清单,并考虑其完整性。

⑦被审计单位是否一贯采用永续盘存制。存货数量的盘存制度一般分为实地盘存制和永续盘存制,对于前者,注册会计师监盘安排的次数要多于后者。

⑧查阅以前年度的存货监盘工作底稿。了解被审计单位的存货情况、存货盘点程序以及其他在以前年度审计中遇到的重大问题。

⑨利用专家的工作。注册会计师可能不具备其他专业领域专长与技能。在确定资产数量或资产实物状况(如矿石堆),或在收集特殊类别存货(如艺术品、稀有玉石、房地产、电子器件、工程设计等)的审计证据时,注册会计师还可以考虑利用专家的工作。

⑩复核或与管理层讨论其存货盘点计划。

(3)存货监盘计划的主要内容

①存货监盘的目标、范围及时间安排。存货监盘的目标是获取被审计单位资产负债表日有关存货数量和状况的审计证据,检查存货的数量是否真实完整,是否归属被审计单位,存货是否有残次冷背状况。存货监盘范围的大小取决于存货的内容、性质以及与存货相关的内部控制的完善程度和重大错报风险的评估结果。对存放于外单位的存货,应当考虑实施适当的替代程序,以获取充分、适当的审计证据。存货监盘的时间,包括实地察看盘点现场的时间、观察存货盘点的时间和对已盘点存货实施检查的时间等,应当与被审计单位实施存货盘点的时间相互协调。

②存货监盘的要点及关注事项。存货监盘的要点主要包括实施存货监盘程序的方法、步骤,各个环节应注意的问题以及所要解决的问题。重点关注的事项包括盘点期间的存货移动、存货的状况、存货的截止确认、存货的各个存放地点及金额等。

③参加存货监盘人员的分工。根据被审计单位参加存货盘点人员分工、分组情况、存货监盘工作量的大小和人员素质情况,确定参加存货监盘的人员组成,各组成人员的职责和具体的分工情况,并加强督导。

④检查存货的范围。根据对被审计单位存货盘点和对被审计单位内部控制的评价结果确定检查存货的范围。注册会计师在实施观察程序后,如果认为被审计单位内部控制设计良好且得到有效实施、存货盘点组织良好,可以相应缩小实施检查程序的范围。

(4)存货监盘的程序

①观察程序。在被审计单位盘点存货前,应当观察盘点现场,确定应纳入盘点范围的存货是否已经适当整理和排列,并附有盘点标识,防止遗漏或重复盘点。对未纳入盘点范围的存货,应当查明未纳入的原因。

②检查程序。对已盘点的存货进行适当检查,将检查结果与被审计单位盘点记录相核对,并形成相应记录。在实施检查程序时发现差异,很可能表明被审计单位的存货盘点在准确性或完整性方面存在错误。一方面,应当查明原因,并及时提请被审计单位更正;另一方面,应当考虑错误的潜在范围和重大程度,还可要求被审计单位重新盘点。重新盘点的范围可限于某一特殊领域的存货或特定盘点小组。

③需要特别关注的情况：

一是存货移动情况。应当特别关注存货的移动情况，防止遗漏或重复盘点。

二是存货的状况。应当特别关注存货的状况，观察被审计单位是否已经恰当区分所有残次冷背的存货。

三是存货的截止。应当获取盘点日前后存货收发及移动的凭证，检查库存记录与会计记录期末截止是否正确。

④对特殊类型存货的监盘。对某些特殊类型的存货而言被审计单位通常使用的盘点方法和控制程序并不完全适用。这些存货通常或者没有标签，或者其数量难以估计，或者其质量难以确定，或者盘点人员无法对其移动实施控制。在这些情况下，需要运用职业判断，根据存货的实际情况，设计恰当的审计程序，可利用专家或被审计单位内部有经验人员的工作，对存货的数量和状况获取审计证据。

⑤存货监盘结束时的工作。在被审计单位存货盘点结束前，注册会计师应当：

一是再次观察盘点现场，以确定所有应纳入盘点范围的存货是否均已盘点。

二是取得并检查已填用、作废及未使用盘点表单的号码记录，确定其是否连续编号，查明已发放的表单是否均已收回，并与存货盘点的汇总记录进行核对。

三是如果存货盘点日不是资产负债表日，注册会计师应当实施适当的审计程序，确定盘点日与资产负债表日之间存货的变动是否已得到恰当的记录。

（5）特殊情况的处理

①在存货盘点现场实施存货监盘不可行。如果由于存货的性质和存放地点等因素造成无法在存货盘点现场实施存货监盘。例如，存货存放在对注册会计师的安全有威胁的地点，注册会计师应当实施替代审计程序（如检查盘点日后出售盘点日之前取得或购买的特定存货的文件记录），以获取有关存货的存在和状况的充分、适当的审计证据。

但在其他一些情况下，如果不能实施替代审计程序，或者实施替代审计程序可能无法获取有关存货的存在和状况的充分、适当的审计证据，注册会计师需要按照《中国注册会计师审计准则第 1502 号在审计报告中发表非无保留意见》的规定发表而非无保留意见。

②因不可预见的情况导致无法在存货盘点现场实施监盘。不可预见的情况通常不可预见，不过比较常见的两种情况包括：一是注册会计师无法亲临现场，即由于不可抗力导致其无法到达存货存放地实施存货监盘；二是气候因素，即由于恶劣的天气导致注册会计师无法实施存货监盘程序，或由于恶劣的天气无法观察存货，如木材被积雪覆盖。如果由于不可预见的情况无法在存货盘点现场实施监盘，注册会计师应当另择日期实施监盘，并对间隔期内发生的交易实施审计程序。

③由第三方保管或控制的存货。如果由第三方保管或控制的存货对财务报表是重要的，注册会计师应当实施审计程序，以获取有关该存货存在和状况的充分、适当的审计证据。包括向持有被审计单位存货的第三方函证存货的数量和状况；实施检查或其他适合具体情况的审计程序。考虑到第三方仅在特定时点执行存货盘点工作，在实务中，注册会计师可

以事先考虑实施函证的可行性。如果预期不能通过函证获取相关审计证据，可以事先计划和安排存货监盘等工作。

4. 实施存货计价测试

进行计价测试时，注册会计师首先应对存货价格的组成内容予以审核。然后按照所了解的计价方法对所选择的存货样本进行计价测试。测试时，应尽量排除被审计单位已有计算程序和结果的影响，进行独立测试。测试结果出来后，应与被审计单位账面记录对比，编制对比分析表，分析形成差异的原因。如果差异过大，应扩大测试范围，并根据审计结果考虑是否应提出审计调整建议。

在存货计价审计中，由于被审计单位期末存货采用成本与可变现净值孰低的方法计价，所以应充分关注其对存货可变现净值的确定及存货跌价准备的计提。

当存在以下一项或若干项情况时，应当将存货账面余额全部转入当期损益：已霉烂变质的存货；已过期不可退的存货（主要指食品）；生产已不再需要，并且无转让价值的存货；其他足以证明已无使用价值和转让价值的存货。

5. 实施存货截止测试

（1）存货截止测试的含义

所谓存货截止测试，就是检查记录已为企业所有，并且包括在年末存货盘点范围内；未购入或已经售出的存货不在年末存货盘点范围内，也不在年末存货账面记录的余额中。简而言之，存货在仓库的增减与会计记录它的增减在同一个会计期间。它包括以下几个含义。

①截止盘点日以前入库的存货项目包括在盘点范围内，并已反映在截止日以前的会计记录中；在截止日期以后入库的存货项目未包括在盘点范围内，也未反映在截止日以前的会计记录中。

例如：截止盘点日前已入库但未收到购货发票的货物，在存货盘点截止日要暂估入账，存货与负债同时增加。次年初以红字冲销。

②截止日以前装运出库的存货项目未包括在盘点范围内，且未包括在截止日的存货账面余额中；在截止日期以后装运出库的存货项目已包括在盘点范围内，并已包括在截止日的存货账面余额中。

③已确认为销售但尚未装运出库的商品未包括在盘点范围内，且未包括在截止日的存货账面余额中。

④已记录为购货但尚未入库的存货已包括在盘点范围内，并已反映在会计记录中。

（2）存货截止测试程序

①检查存货盘点日前后的购货（销售）发票与验收单、入（出）库单。

②查阅验收部门的业务记录。业务部门年末的入（出）库记录，与其购货（销售）发票在同一会计期间入账。

6. 确定存货是否已在资产负债表上恰当披露

(1) 资产负债表上存货的余额包含被审计单位全部类别的存货项目。

(2) 在会计报表附注中还要披露存货的种类、计价方法和余额。

第四节 货币资金审计

一、货币资金概述

(一) 货币资金业务的主要内容

货币资金是流动性最强的一种资产,持有货币资金是企业生产经营活动的基本条件,货币资金在企业的会计核算中占有重要的位置。根据货币资金存放地点及用途的不同,货币资金分为库存现金、银行存款及其他货币资金。

货币资金业务很简单,不外乎收款和付款。但同时,货币资金业务又很复杂,因为货币资金与所有业务循环都存在联系。

(二) 货币资金业务涉及的主要凭证和会计记录

1. 现金盘点表

现金盘点表,顾名思义,是指企业定期对库存现金进行盘点形成的记录。

2. 银行对账单

银行对账单是指银行客观记录企业资金流转情况的记录单,是银行和企业之间对资金流转情况进行核对和确认的凭单。银行对账单定期由银行寄发或企业自取。

3. 银行存款余额调节表

银行存款余额调节表,是企业在银行对账单余额与银行存款日记账余额的基础上,对未达账项进行调整所形成的表格。

4. 有关记账凭证

既然货币资金业务的主要内容是收款和付款,那么所形成的就主要是收款凭证和付款凭证。

5. 有关会计账簿

货币资金业务形成的会计账簿是指货币资金项目的账簿以及对应科目的账簿。

二、货币资金的内部控制

由于货币资金是企业流动性最强的资产,企业必须加强对货币资金的管理,建立良好的货币资金内部控制,以确保全部应收取的货币资金均能收取,并及时正确地予以记录;全部货币资金支出是按照经批准的用途进行的,并及时正确地予以记录;库存现金、银行存款报告正确,并得以恰当保管;正确预测企业正常经营所需的货币资金收支额,确保企业有充足又不过剩的货币资金余额。

一般情况下,货币资金内部控制应该包括以下四个方面。

(一)岗位分工及授权批准

1. 岗位分工

单位应当建立货币资金业务的岗位责任制,明确相关部门和岗位的职责权限,确保办理货币资金业务的不相容岗位相互分离、制约和监督。出纳人员不得兼任稽核、会计档案保管和收入、支出、费用、债权债务账目的登记工作。单位不得由一人办理货币资金业务的全过程。

2. 授权审批

企业应当对货币资金业务建立严格的授权批准制度,明确审批人对货币资金业务的授权批准方式、权限、程序、责任和相关控制措施,规定经办人办理货币资金业务的职责范围和工作要求。审批人应当根据货币资金授权批准制度的规定,在授权范围内进行审批,不得超越审批权限。经办人应当在职责范围内,按照审批人的批准意见办理货币资金业务。对于审批人超越授权范围审批的货币资金业务,经办人员有权拒绝办理,并及时向审批人的上级授权部门进行报告。严禁未经授权的机构或人员办理货币资金业务或直接接触货币资金。

3. 严格支付流程

货币资金的支付产生问题的概率远远大于货币资金的收入,一旦产生问题,后果通常很严重。企业应当按照规定的程序办理货币资金支付业务。

(1)支付申请。企业有关部门或个人用款时,应当提前向审批人提交货币资金支付申请,注明款项的用途、金额、预算、支付方式等内容,并附有效的经济合同或相关证明。

(2)支付审批。审批人根据其职责、权限和相应程序对支付申请进行审批。对不符合规定的货币资金支付申请,审批人应当拒绝批准。

(3)支付复核。复核人应当对批准后的货币资金支付申请进行复核,包括批准范围、权限、程序是否正确,手续及相关单证是否齐备,金额计算是否准确,支付方式是否妥当等。复核无误后,交由出纳人员办理支付手续。

（4）办理支付。出纳人员应当根据复核无误的支付申请，按规定办理货币资金支付手续，及时登记现金和银行存款日记账。

（5）企业对于重要货币资金支付业务，应当实行集体决策和审批，并建立责任追究制度，防范贪污、侵占、挪用货币资金等行为。

（二）现金和银行存款的管理

（1）企业应当加强现金库存限额的管理，超过库存限额的现金应及时存入银行。

（2）企业必须根据《现金管理暂行条例》的规定，结合本企业的实际情况，确定本企业现金的开支范围。不属于现金开支范围的业务应当通过银行办理转账结算。

（3）企业现金收入应当及时存入银行，不得用于直接支付企业自身的支出。因特殊情况需坐支现金的，应事先报经开户银行审查批准。

企业借出款项必须执行严格的授权批准程序，严禁擅自挪用、借出货币资金。

（4）企业取得的货币资金收入必须及时入账，不得私设"小金库"，不得账外设账，严禁收款不入账。

（5）企业应当严格按照《支付结算办法》等国家有关规定，加强银行账户的管理，严格按照规定开立账户，办理存款、取款和结算。

企业应当定期检查、清理银行账户的开立及使用情况，发现问题，及时处理。

企业应当加强对银行结算凭证的填制、传递及保管等环节的管理与控制。

（6）企业应当严格遵守银行结算纪律，不准签发没有资金保证的票据或远期支票，套取银行信用；不准签发、取得和转让没有真实交易和债权债务的票据，套取银行和他人资金；不准无理拒绝付款，任意占用他人资金；不准违反规定开立和使用银行账户。

（7）企业应当指定专人定期核对银行账户，每月至少核对一次，编制银行存款余额调节表使银行存款账面余额与银行对账单调节相符。如调节不符，应查明原因，并及时处理。

（8）企业应当定期和不定期地进行现金盘点，确保现金账面余额与实际库存相符。发现不符，及时查明原因，并做出处理。

（三）票据及有关印章的管理

（1）企业应当加强与货币资金相关的票据的管理，明确各种票据的购买、保管、领用、背书转让、注销等环节的职责权限和程序，并专设登记簿进行记录，防止空白票据的遗失和被盗用。

（2）企业应当加强银行预留印鉴的管理。财务专用章应由专人保管，个人名章必须由本人或其授权人员保管。严禁一人保管支付款项所需的全部印章。

按规定需要有关负责人签字或盖章的经济业务，必须严格履行签字或盖章手续。

（四）监督检查

（1）企业应当建立对货币资金业务的监督检查制度，明确监督检查机构或人员的职责权限，定期和不定期地进行检查。

（2）货币资金监督检查的内容主要包括：

①货币资金业务相关岗位及人员的设置情况。重点检查是否存在货币资金业务不相容职务混岗的现象。

②货币资金授权批准制度的执行情况。重点检查货币资金支出的授权批准手续是否健全，是否存在越权审批行为。

③支付款项印章的保管情况。重点检查是否存在办理付款业务所需的全部印章交由一人保管的现象。

④票据的保管情况。重点检查票据的购买、领用、保管手续是否健全，票据保管是否存在漏洞。

（3）对监督检查过程中发现的货币资金内部控制中的薄弱环节，应当及时采取措施，加以纠正和完善。

三、货币资金内部控制的测试

（一）了解货币资金内部控制

注册会计师可以通过询问、观察、检查等程序收集必要的资料，了解被审计单位关于货币资金的内部控制制度，观察执行情况，编制内部控制流程图。注册会计师应关注的内容主要包括以下方面：

（1）货币资金的收支是否按规定的程序和权限办理。

（2）货币资金的收支是否存在与被审计单位经营无关的情况。

（3）出纳与会计的职责是否严格分离。

（4）是否存在出租、出借银行账户的情况。

（5）库存现金是否妥善保管，是否定期盘点、核对。

（6）银行存款是否定期取得银行对账单并编制银行存款余额调节表等。

（二）抽取并检查收款凭证

如果货币资金收款内部控制薄弱，很可能会发生贪污舞弊或挪用等情况。选取适当样本的收款凭证，进行如下检查：

（1）核对收款凭证与库存现金、银行存款日记账的收入金额是否正确。

（2）核对收款凭证与银行对账单是否相符。

（3）核对收款凭证与应收账款等相关明细账的有关记录是否相符。

（4）核对实收金额与销货发票等相关凭据是否一致等。

（三）抽取并检查付款凭证

为测试货币资金付款内部控制，应选取适当样本的货币资金付款凭证，进行如下检查：

（1）检查付款的授权批准手续是否符合规定。
（2）核对付款凭证与库存现金、银行存款日记账的付出金额是否正确。
（3）核对付款凭证与银行对账单是否相符。
（4）核对付款凭证与应付账款等相关明细账的记录是否一致。
（5）核对实付金额与购货发票等相关凭据是否相符等。

（四）抽取并核对日记账与总账

首先抽取一定期间的库存现金、银行存款日记账，检查其有无计算错误，加总是否正确无误。如果检查中发现问题较多，说明被审计单位货币资金的会计记录不够可靠。其次，根据日记账提供的线索，核对总账中的库存现金、银行存款、应收账款、应付账款等有关账户的记录。

（五）抽取并检查银行存款余额调节表

抽取一定期间的银行存款余额调节表，检验其是否按月正确编制并经复核。为证实银行存款记录的正确性，抽取一定期间的银行存款余额调节表，将其同银行对账单、银行存款日记账及总账进行核对。确定被审计单位是否按月正确编制并复核银行存款余额调节表。

（六）检查外币资金的折算

对于有外币货币的被审计单位，检查其外币资金的方法是否符合有关规定，是否与上年度一致。检查外币货币资金有关的日记账及"财务费用""在建工程"等账户的记录，选用汇率的方法前后各期是否一致；检查企业的外币货币资金的余额是否采用期末即期汇率折合为记账本位币金额；折算差额的会计处理是否正确。

（七）评价货币资金的内部控制

完成上述程序之后，即可对货币资金的内部控制进行评价。评价时，首先确定货币资金内部控制可信赖的程度以及存在的薄弱环节和缺点，然后据以确定在货币资金实质性程序中对哪些环节可以适当减少审计程序，哪些环节应增加审计程序，做到重点检查，以减少审计风险。

四、重要账户的实质性程序

（一）货币资金审计中需要关注的事项或情形

货币资金是企业日常经营活动的起点和终点，其增减变动与被审计单位的日常经营活动密切相关。较多舞弊案件都与被审计单位的货币资金相关。在实施货币资金审计的过程中，如果被审计单位存在以下事项或情形，注册会计师需要保持警觉。

（1）被审计单位的现金交易比例较高，并与其所在的行业常用的结算模式不同；

（2）库存现金规模明显超过业务周转所需资金；

（3）银行账户开立数量与企业实际的业务规模不匹配；

（4）在没有经营业务的地区开立银行账户；

（5）企业资金存放于管理层或员工个人账户；

（6）货币资金收支金额与现金流量表不匹配；

（7）不能提供银行对账单或银行存款余额调节表；

（8）存在长期或大量银行未达账项；

（9）银行存款明细账存在非正常转账的"一借一贷"；

（10）违反货币资金存放和使用规定（如上市公司未经批准开立账户转移募集资金、未经许可将募集资金转作其他用途等）；

（11）存在大额外币收付记录而被审计单位并不涉足外贸业务；

（12）被审计单位以各种理由不配合注册会计师实施银行函证。

除上述与货币资金项目直接相关的事项或情形外，注册会计师在审计其他财务报表项目时，还可能关注其他一些也需保持警觉的事项或情形。例如：

（1）存在没有具体业务支持或与交易不相匹配的大额资金往来；

（2）长期挂账的大额预付款项；

（3）存在大额自有资金的同时，向银行高额举债；

（4）付款方账户名称与销售客户名称不一致、收款方账户名称与供应商名称不一致；

（5）开具的银行承兑汇票没有银行承兑协议支持；

（6）银行承兑票据保证金余额与应付票据余额比例不合理。

（二）货币资金的审计目标

库存现金、银行存款和其他货币资金的审计目标是基本相同的，因此，统一进行审计目标的说明。货币资金的审计目标包括：

（1）确定被审计单位资产负债表的货币资金在资产负债表日是否确实存在；

（2）确定被审计单位所有应当记录的货币资金收支业务是否均已记录完毕，有无遗漏；

（3）确定记录的货币资金是否为被审计单位所拥有或控制；

（4）确定货币资金各项目的期末余额是否正确；

（5）确定货币资金在财务报表上的披露是否恰当。

（三）库存现金的实质性程序

1. 账账核对

注册会计师测试库存现金余额的起点，是核对库存现金日记账与总账的余额是否相符，如果不相符，应查明原因，并做出适当调整。

2. 监盘库存现金

监盘库存现金是证实资产负债表中所列现金是否存在的一项重要程序。

企业盘点库存现金，通常包括对已收到但未存入银行的现金、零用金、找换金等的盘点盘点库存现金的时间和人员应视被审计单位的具体情况而定，但必须有出纳员和被审计单位会计主管人员参加，并由注册会计师进行监盘。盘点和监盘库存现金的步骤和方法主要有：

（1）制定库存现金盘点程序，实施突击性的检查，时间最好选择在上午上班前或下午下班时进行，盘点的范围一般包括企业各部门经管的现金。在进行现金盘点前，应由出纳员将现金集中起来存入保险柜。必要时可加以封存，然后由出纳员把已办妥现金收付手续的收付款凭证登入库存现金日记账。如企业库存现金存放部门有两处或两处以上的，应同时进行盘点。

（2）审阅库存现金日记账并同时与现金收付凭证相核对：一方面检查日记账的记录与凭证的内容和金额是否相符；另一方面了解凭证日期与日记账日期是否相符或接近。

（3）由出纳员根据库存现金日记账加计累计数额，结出现金结余。

（4）盘点保险柜的现金实存数，同时编制"库存现金盘点表"，分币种、面值列示盘点金额。

（5）资产负债表日后进行盘点时，应调整至资产负债表日的金额。

（6）将盘点金额与库存现金日记账余额进行核对，如有差异，应查明原因，并做好记录或适当调整。

（7）若有冲抵库存现金的借条、未提现支票、未作报销的原始凭证，应在"库存现金盘点表"中注明或做出必要的调整。

3. 抽查大额现金收支

注册会计师应抽查大额现金收支的原始凭证内容是否完整，有无授权批准，并核对相关账户的进账情况，如有与被审计单位生产经营业务无关的收支事项，应查明原因，并做相应的记录。

4. 检查现金收支的正确截止

被审计单位资产负债表的货币项目中的库存现金数额，应以结账日实有数额为准。因此，注册会计师必须验证现金收支的截止日期。通常，注册会计师可考虑对结账日前后一段时期内现金收支凭证进行审计，以确定是否存在跨期事项，是否应考虑提出调整建议。

5. 检查外币现金的折算

检查外币现金的折算方法是否符合规定，是否与上年度一致；外币现金的折算率及折算金额是否正确。

6. 检查库存现金是否在资产负债表上恰当披露

根据有关规定,库存现金在资产负债表的"货币资金"项目中反映,注册会计师应在实施上述审计程序后,确定库存现金账户的期末余额是否恰当,进而确定库存现金是否在资产负债表上恰当披露。

(四)银行存款的实质性程序

银行存款是指企业存放在银行或其他金融机构的各种款项。按照国家有关规定,凡是独立核算的企业都必须在当地银行开设账户。企业在银行开设账户以后,除按核定的限额保留库存现金外,超过限额的现金必须存入银行;除了在规定的范围内可以用现金直接支付的款项外,在经营过程中所发生的一切货币收支业务,都必须通过银行存款账户进行结算。

银行存款的实质性程序可以从以下方面进行:

1. 账账核对

注册会计师测试银行存款余额的起点,是核对银行存款日记账与总账的余额是否相符,如果不相符,应查明原因,并考虑是否建议做适当调整。

2. 实施实质性分析程序

计算定期存款占银行存款的比例,了解被审计单位是否存在高息资金拆借。如存在高息资金拆借,应进一步分析拆出资金的安全性,检查高额利差的入账情况;计算存放于非银行金融机构的存款占银行存款的比例,分析这些资金的安全性。

3. 取得或编制银行存款余额调节表

银行存款余额调节表通常由被审计单位根据不同的银行账户及货币种类分别编制。注册会计师可以取得被审计单位的银行存款余额调节表进行检查,也可以自行编制银行存款余额调节表。检查银行存款余额调节表是证实资产负债表中所列银行存款是否存在的重要程序。取得银行存款余额调节表后,注册会计师应检查调节表中未达账项的真实性,以及资产负债表日后的进账情况,如果查明存在应于资产负债表日之前进账的,应做记录并提出适当的调整建议。其程序一般包括:

(1)验算调节表的数字计算。

(2)对于金额较大的未提现支票、可提现的未提现支票以及注册会计师认为重要的未提现支票,列示未提现支票清单,注明开票日期和收票人姓名或单位。

(3)追查截止日期银行对账单上的在途存款,并在银行账户调节表上注明存款日期。

(4)检查截止日仍未提现的大额支票和其他已签发一个月以上的未提现支票。

(5)追查截止日期银行对账单已收、企业未收的款项性质及款项来源。

(6)核对银行存款总账余额、银行对账单加总金额。

4. 函证银行存款余额

银行存款函证是指注册会计师在执行审计业务过程中，需要以被审计单位名义向有关单位发函询证，以验证被审计单位的银行存款是否真实、合法、完整。按照国际惯例，财政部和中国人民银行于1999年1月6日联合印发了《关于做好企业的银行存款、借款及往来款项函证工作的通知》（以下简称《通知》），《通知》对函证工作提出了明确的要求，并规定：各商业银行、政策性银行、非银行金融机构要在收到询证函之日起10个工作日内，根据函证的具体要求，及时回函并可按照国家的有关规定收取询证费用；各有关企业或单位根据函证的具体要求回函。

函证银行存款余额是证实资产负债表所列银行存款是否存在的重要程序。通过向往来银行函证，注册会计师不仅可了解企业资产的存在，还可了解企业账面反映所欠银行债务的情况，并有助于发现企业未入账的银行借款和未披露的或有负债。

注册会计师应向被审计单位在本年存过款（含外埠存款、银行汇票存款、银行本票存款、信用卡存款、信用证保证金存款）的所有银行发函，其中包括企业存款账户已结清的银行，因为有可能存款账户已结清，但仍有银行借款或其他负债存在。并且，虽然注册会计师已直接从某一银行取得了银行对账单和所有已付支票，但仍应向这一银行进行函证。

5. 抽查大额银行存款的收支

注册会计师应抽查大额银行存款（含外埠存款、银行汇票存款、银行本票存款、信用证存款）收支的原始凭证内容是否完整，有无授权批准，并核对相关账户的进账情况。如有与被审计单位生产经营业务无关的收支事项，应查明原因并做好相应的记录。

6. 检查银行存款收支的正确截止

抽查资产负债表日前后若干天的银行存款收支凭证实施截止测试，关注业务内容及对应项目，如有跨期收支事项，应考虑是否应提出调整建议。

7. 检查定期存款或限定用途的存款

对于定期存款或限定用途的存款，应查明情况，做出记录：

（1）对已质押的定期存款，应检查定期存单，并与相应的质押合同核对，同时关注定期存单对应的质押借款有无入账。

（2）对未质押的定期存款，应检查开户证书原件。

（3）对审计外勤工作结束日前已提取的定期存款，应核对相应的兑付凭证、银行对账单和定期存款复印件。

（4）关注是否有质押、冻结等对变现有限制或存放在境外的款项。

（5）对不符合现金及现金等价物条件的银行存款在审计工作底稿中应予以列明。

8. 检查外币银行存款的折算

对于外币银行存款，关注其折算方法是否符合有关规定，是否与上年度一致。

9.确定银行存款的披露是否恰当

根据有关规定,企业的银行存款在资产负债表的"货币资金"项目中反映。所以,注册会计师应在实施上述审计程序后,确定银行存款账户的期末余额是否恰当,进而确定银行存款是否在资产负债表上恰当披露。

(五)其他货币资金的实质性程序

其他货币资金包括企业到外地进行临时或零星采购而汇往采购地银行开立采购专户的款项所形成的外埠存款、企业为取得银行汇票按照规定存入银行的款项所形成的银行汇票存款、企业为取得银行本票按照规定存入银行的款项所形成的银行本票存款、信用卡存款和信用证保证金存款等。

其他货币资金的实质性程序主要包括:

(1)核对外埠存款、银行汇票存款、银行本票存款、信用卡存款、信用证保证金存款和存出投资款等各明细账期末合计数与总账数是否相符。

(2)获取所有其他货币资金明细的对账单,与账面记录核对,如果存在差异应查明原因,必要时应提出调整建议。

①对于保证金账户,应将取得的对账单与相应的交易进行核对。检查保证金与相关债务的比例和合同约定是否一致。特别关注是否存在有保证金发生,而被审计单位账面无对应的保证事项涉及交易的情形。

②若信用卡持有人是被审计单位职员,应取得该职员提供的确认书,必要时提出调整建议。

③获取存出投资款全部交易流水单,从中抽取若干笔资金存取记录,审查有关原始凭证,关注资金的来源和去向是否正常,是否已正确入账。

(3)结合银行询证函,函证其他货币资金期末余额,并记录函证过程。

(4)关注是否有质押、冻结等对变现有限制,或存放在境外,或有潜在回收风险的款项。

(5)对于非记账本位币的其他货币资金,检查其采用的折算汇率是否正确。

(6)检查期末余额中有无较长时间未结清的款项。

(7)抽取若干大额的或有疑问的原始凭证进行测试。检查内容是否完整、有无授权批准,并核对相关账户的进账情况。

(8)抽取资产负债表日前后若干天的其他货币资金收支凭证实施截止测试,如有跨期收支事项,应考虑是否应提出调整建议。

(9)对不符合现金及现金等价物条件的其他货币资金在审计工作底稿中予以列明。

(10)确定其他货币资金的披露是否恰当。

第八章 审计管理

第一节 审计管理概述

一、审计管理的内涵与特点

（一）审计管理的概念

审计管理是指审计主体为了履行审计职能和实现审计目标，依据相关法律法规和审计准则，采取科学的管理理论与方法，旨在提高审计工作的效率和质量，对审计事务及具体审计业务进行计划、组织、指挥、协调和控制的过程。

审计管理有广义和狭义之分。广义的审计管理包括审计机构管理、政府审计机关对审计行政事务的管理以及审计机构对开展具体审计业务的管理。狭义的审计管理仅指政府审计机关及其他审计机构对开展具体审计业务的管理。

政府审计机构管理的最高权力机关是隶属于国务院的国家审计署，各级审计机关是各级政府的组成部门，履行着政府管理行政事务的行政职能，依据《中华人民共和国审计法》及其他法律法规所赋予的权力，对审计领域的行政事务进行管理是其基本工作职责。中国的审计行政事务管理采取双重管理模式，即下级审计机关不仅对上级审计机关负责，同时还要向同级人民政府负责。各级审计机关不仅管理审计行政事务，而且还要组织开展各项具体的审计业务，履行审计行政事务管理和审计业务管理的双重职能。因此，其内部机构也会适应其职能的需要而设置。

内部审计机构管理没有强制性的法律规定，一般由各单位在内部自行设立，隶属于某个层级的权力机构，在其领导下对单位内部经营活动及内部控制的适当性合法性和有效性进行监督、鉴证和评价，以促进本单位或组织目标的实现。在业务指导方面，由中国内部审计师协会负责组织和管理。

独立审计组织一般是指会计师事务所，独立审计组织采取行政指导下的行业自律管理模式。中国注册会计师协会是注册会计师行业的全国最高组织，在财政部指导下开展全国注册会计师行业的管理工作；省、自治区、直辖市设立地方注册会计师协会，负责管理各地方注册会计师行业的事务。注册会计师协会不仅管理独立审计机构的日常事务,还要负责制定行业规范、组织会员培训、开展对外宣传与交流等其他事务。

(二)审计管理的基本要素

1. 审计管理的主体

审计管理的主体是指从事审计行政事务管理及具体审计业务管理的各审计机构,包括政府审计机关、独立审计组织及企事业单位的内部审计机构。其中,政府审计机关既是审计行政事务管理的主体,也是具体审计业务管理的主体。

2. 审计管理的客体

审计管理的客体是指审计管理所作用的具体对象。政府审计机关进行审计管理的客体涉及审计行政事务和具体审计业务两个方面,而独立审计组织和企事业单位的内部审计机构进行审计管理的客体主要是各项具体的审计业务。

3. 审计管理的目标

审计管理的目标是指各个审计主体通过管理活动所要达到的最终目的。一般管理活动是为了实现组织的既定目标,让有限的资源产生最大的经济效益,同样,审计管理的目标就是在合理成本保证的前提下提高审计工作效率、节约审计工作成本、保证审计工作的质量。

4. 审计管理的原则

任何管理活动都应该在一定的原则下进行,这样才能保证目标的实现。依据现行的行政管理模式及行业发展现状,审计管理应该遵循以下原则:

(1)合法合规性原则。目前,在审计行政管理及行业发展领域存在一系列的法律、法规、规章及行业准则,审计管理活动必须遵守这些法律法规及准则的规定,依法合规进行。

(2)成本效益原则。在具体审计业务管理活动中,审计质量和审计成本是一对矛盾,在审计行政事务管理中,也存在类似的问题,因此,在审计管理中必须权衡成本与效益的关系。

(3)合理保证原则。由于审计活动属于提供合理保证的鉴证业务,不可能提供绝对保证的结果,否则将违背成本效益原则,因此,鉴于多种因素的束缚,审计管理目标的实现在合理保证的原则下进行即可。

5. 审计管理的意义

不论是政府审计机关对审计行政事务的管理,还是各审计机构对具体审计业务的管理,都具有重要意义。

政府审计机关对审计行政事务进行管理,是审计机关必须履行的行政职能,科学管理可以提高工作效率、节约行政成本,进行管理创新可以更好地发挥审计监督的作用。

审计机构对具体审计业务进行管理,有利于减少或避免审计风险、保证审计工作质量、提高审计工作效率、有效利用审计资源。同时，通过对具体审计业务进行管理，也可以形成有效的管理制度，使审计管理逐渐规范化、制度化。

（三）审计管理的特点

审计管理与一般管理活动一样具有决策、计划、组织、领导和控制五项职能，也具有一般管理活动的普遍特征，表现如下

1. 审计管理为完成审计工作服务

审计管理是对审计工作的管理，不管是政府审计机关管理审计行政事务，还是各审计机构管理具体审计业务，都是为了更好地履行管理职责或更好地完成工作任务，审计管理是对完成审计工作而进行的服务过程。

2. 审计管理是为了提高审计工作质量和效率

管理的主要目的是提高工作效率，降低工作成本，审计管理也不例外，但前提是保证审计工作质量。因此，加强审计管理，就必须统筹安排人力、财力，科学合理地利用和分配审计资源，发挥最大的效益，达到提高审计工作质量和效率的目标。

3. 审计管理的重点是对人的管理

审计管理活动主要是由审计人员独立实施的一系列行为过程，除了遵守相关的法律法规之外，审计人员完成工作任务的质量和效率在很大程度上取决于自身的素质。因此，在审计管理活动中应该重点加强对审计人员的管理，需要不断提高其职业道德水平，加强工作责任感，恪守独立性。此外，还应该不断加强业务素质培养，提升工作能力和主观能动性。

4. 审计业务管理贯穿于审计业务活动的始终

审计行政事务管理属于审计机关的行政职能，管理工作主要在于创新。而审计机构对于审计业务管理则贯穿于审计业务活动的各个阶段，包括审计计划编制、审计业务约定、审计业务实施、审计现场管理、审计信息及档案管理等环节。每一个环节都需要进行过程控制，为提高审计管理的工作质量和效率服务。

二、审计管理的主要内容

审计管理的内容与审计管理的客体密切相关。随着社会及经济不断发展，审计行政事务及具体审计业务都将不断拓展，审计管理的内容也将不断充实和完善。从狭义的审计管理角度考虑，审计管理的内容主要包括审计计划管理、审计现场管理、审计资源管理、审计质量管理、审计信息管理等。

（一）审计计划管理

"凡事预则立，不预则废"，审计管理工作也需要进行周密计划，切实保证审计管理

工作的效率性和规范性。审计计划管理主要是指政府审计机关、独立审计组织及内部审计机构每年进行的审计项目计划管理，包括制订审计项目计划以确定工作任务，执行审计计划并考核计划的完成情况。

只有加强审计计划管理，才能保障审计机构科学、有序和高效运行，避免审计工作盲目、随意开展，同时，也可以为考核和评估审计计划执行情况提供依据。

（二）审计现场管理

审计现场管理是指负责实施审计业务的审计组（项目团队）在实施审计方案过程中，对审计人员、审计资料、审计时间、审计方法、审计信息及审计成本进行管理和控制的过程。审计现场管理是提高审计工作效率、保证审计工作质量、降低审计成本的重要保障，也是审计业务管理的重要环节。

审计现场管理是审计项目负责人的主要职责。与被审计单位签订审计业务约定书以后，在计划审计工作及确定总体审计策略的过程中，审计项目负责人就要考虑审计现场管理问题。因为审计计划通常由审计项目负责人于外勤工作开始之前起草，在此阶段，审计项目负责人就应该统筹规划，合理配置审计人员，准备审计资料，筹划审计时间，确定审计方法，安排审计信息传递途径，合理控制审计成本。只有做好这些工作，才能够保证现场审计开始以后，审计方案实施能够顺利进行。

（三）审计资源管理

审计资源管理是指对可用于审计业务方面的人力、物力、财力资源的有效整合和优化配置。审计资源包括审计人力资源、审计技术资源、审计时间资源和审计信息资源等，这些资源都是开展审计业务的物质基础，需要整合优化，使其充分发挥作用。因此，审计机构要勇于实践、大胆创新，通过改善组织结构、优化人力资源配置、实施审计人才储备、改进审计技术与方法、加强审计信息资源的利用与共享，来提高审计队伍整体能力，适应审计工作发展需求。

（四）审计质量管理

审计质量管理是指审计组织为保证和提高审计质量，建立质量管理体系，综合运用控制手段和方法，控制和影响审计质量全过程各因素，以取得反映客观情况、适应各方面需要的审计结论的审计管理活动。

审计质量是审计工作的生命。审计结论的客观性、公正性，审计工作的权威性以及审计职业的生存与发展，都要受到审计质量的影响，因此，审计质量管理至关重要。审计质量管理主要包括质量标准制定、质量状况记录、质量考核与评价等工作。

（五）审计信息管理

审计信息管理主要是指对审计信息的收集、整理、反馈、存储及利用等。审计信息管理的目的在于保证审计信息资源能够得到有效的开发和利用，更好地发挥审计信息在后续工作中的作用。

审计信息的范畴较为广泛，不仅包括审计业务实施过程中形成的审计计划、审计证据、审计工作底稿、审计报告、审计决定及建议，而且包括经过长期审计工作实务总结形成的工作流程及工作经验等有价值的信息资料。审计信息可能以纸质形式存在，也可能以电子形式存在。审计信息管理就是通过筛选、加工和整理形成共享资源，发挥其最大效用。

三、审计管理的基本方法

（一）制度规范管理

管理活动，看似管事，实则管人，是通过制度建设来规范、约束人员的行为。作为一项正常的管理活动，审计管理的制度建设是基础工作，因此，审计管理主体必须建立和完善各项管理制度，首先做到"有法可依"。这些制度应该包括审计管理工作的各个方面及各个环节，涉及审计计划管理制度、审计现场管理制度、审计资源管理制度、审计质量管理制度及审计信息管理制度等。

（二）目标管理

目标管理是以目标为导向，以人为中心，以成果为标准，从而使组织和个人取得最佳业绩的现代管理方法。换言之，目标管理是在一个组织所有员工的积极参与下确定工作目标，并在工作中实行"自我控制"，自下而上地保证目标实现的一种管理办法。美国管理大师彼得·德鲁克说："目标并非命运，而是方向；目标并非命令，而是承诺；目标并不决定未来，而是动员企业的资源与能源以便塑造未来的那种手段。"

目标管理方法完全可以应用于审计管理工作当中、审计机构结合外部环境和内部条件，并综合平衡审计资源，确定在一定时期内预期达到的工作成果，确立工作目标，也可以将目标适当分解，同时对目标的实施过程进行控制，最后对目标的完成情况进行考核和奖惩，使"责、权、利"有机结合，形成全员参加、全过程管理、全面负责、全面落实的管理体系。

（三）全面质量管理

全面质量管理，就是指一个组织以质量为中心，以全员参与为基础，目的在于通过顾客满意和本组织所有成员及社会受益而达到长期成功的管理途径。在全面质量管理中，质量这个概念和全部管理目标的实现有关。全面管理就是进行全过程的管理、全企业的管理和全员的管理。

审计管理工作可以借鉴全面质量管理的思想，以提高效率为辅助，以保证质量为最终目标。在审计业务实施过程中，审计人员、审计对象、审计方法、审计环境等因素交织在一起并相互联系，都可能影响和制约审计质量，因此，审计机构在审计管理过程中，应该要求全员参与、全过程管理，为提高审计质量提供全方位的保障。

第二节　审计计划管理

一、审计计划的含义

《国家审计准则》第二六条规定，审计机关应当根据法定的审计职责和审计管辖范围，编制年度审计项目计划。

《中国注册会计师审计准则第1201号——计划审计工作》第三条规定，计划审计工作包括针对审计业务制定总体审计策略和具体审计计划。计划审计工作有利于注册会计师执行财务报表审计工作。

《第2101号内部审计具体准则——审计计划》规定，审计计划是指内部审计机构和内部审计人员为完成审计业务，达到预期的审计目的，对审计工作或者具体审计项目做出的安排。

综上所述，审计计划是指审计机构综合考虑外部因素和内部资源条件，规划定时期内审计业务开展的数量和质量目标，是用于指导、组织和控制审计机构所有审计活动的纲领和行动指南。

二、审计计划的分类

（一）按审计计划的编制主体分类

按审计计划的编制主体，审计计划可以分为政府审计计划、独立审计计划和内部审计计划，分别由政府审计机关、独立审计组织和内部审计机构编制。

（二）按审计计划涉及的层次分类

按审计计划涉及的层次，审计计划可以分为宏观审计计划和微观审计计划。宏观审计计划一般由最高审计机关及行业协会拟定和编制，主要确定政府审计、独立审计及内部审计的行业发展方向、审计业务领域拓展、审计技术方法革新、审计人才储备与培训等宏观层面的问题。微观审计计划一般由地方审计机关及行业协会或者具体的审计机构编制，主要涉及某个区域或者具体审计机构审计工作发展思路、审计业务重点、审计人员配备等微观层面的问题。

（三）按审计计划的繁简程度分类

按审计计划的繁简程度，审计计划可以分为年度审计计划、项目审计计划和审计方案。

年度审计计划是对年度审计任务所做的事先规划，是该组织年度工作计划的重要组成部分；项目审计计划是对具体审计项目实施的全过程所做的综合安排；审计方案是对具体审计项目的审计程序及其时间等所做的详细安排。《国家审计准则》重点规定了编制年度审计项目计划的相关要求。

三、审计计划管理的内容

审计计划管理包括审计机构制订审计计划、组织计划实施，并对计划实施情况进行检查与考核一系列循环的全过程。

（一）审计计划的编制主体

一般情况下，审计计划由各审计机构负责编制。政府审计计划由各级政府审计机关负责编制；独立审计组织的审计计划由会计师事务所的管理层负责编制；企事业单位的内部审计计划由其内部审计机构负责编制。

（二）审计计划的主要内容

1. 政府审计机关审计计划的主要内容

依据《国家审计准则》的规定，政府审计机关年度审计项目计划的内容主要包括：

（1）审计项目名称；

（2）审计目标，即实施审计项目预期要完成的任务和结果；

（3）审计范围，即审计项目涉及的具体单位、事项和所属期间；

（4）审计重点；

（5）审计项目组织和实施单位；

（6）审计资源。

采取跟踪审计方式实施的审计项目，年度审计项目计划应当列明跟踪的具体方式和要求。专项审计调查项目的年度审计项目计划应当列明专项审计调查的要求。

2. 独立审计组织审计计划的主要内容

依据《中国注册会计师审计准则第1201号——计划审计工作》的规定，注册会计师应当制定总体审计策略，以确定审计工作的范围、时间安排和方向，并指导具体审计计划的制订。具体审计计划应当包括下列内容：（1）计划实施的风险评估程序的性质、时间安排和范围；（2）在认定层次计划实施的进一步审计程序的性质、时间安排和范围；（3）计划应当实施的其他审计程序。

3. 内部审计机构审计计划的主要内容

依据《第2101号内部审计具体准则——审计计划》的规定，审计计划一般包括年度审计计划和项目审计方案。年度审计计划是对年度预期要完成的审计任务所做的工作安排，是组织年度工作计划的重要组成部分。项目审计方案是对实施具体审计项目所需要的审计内容、审计程序、人员分工、审计时间等做出的安排。

年度审计计划应当包括下列基本内容：(1) 年度审计工作目标；(2) 具体审计项目及实施时间；(3) 各审计项目需要的审计资源；(4) 后续审计安排。

项目审计方案应当包括下列基本内容：(1) 被审计单位、项目的名称；(2) 审计目标和范围；(3) 审计内容和重点；(4) 审计程序和方法；(5) 审计组成员的组成及分工；(6) 审计起止日期；(7) 对专家和外部审计工作结果的利用；(8) 其他有关内容。

审计计划的编制可以采用表格形式，也可以采用文字描述方式，或将二者相结合起来。审计计划重点列示审计项目名称、审计内容、审计重点、审计目标等主要内容，等到审计项目实施时，再详细制订具体的审计工作方案。

（三）审计计划的实施

无论是政府审计机关、独立审计组织还是内部审计机构，都应该严格按照审计计划编制的内容，开展审计活动，实施审计计划中规定的审计项目。上级审计机关应当指导下级审计机关编制年度审计项目计划，提出下级审计机关重点审计领域或者审计项目安排的指导意见。年度审计项目计划确定审计机关统一组织多个审计组共同实施一个审计项目或者分别实施同一类审计项目的，审计机关业务部门应当编制审计工作方案。审计项目负责人应根据项目审计计划制订审计方案，还可以根据被审计单位的经营规模、业务复杂程度及审计工作的复杂程度确定项目审计计划和审计方案内容的繁简程度。

在审计计划实施过程中，应该建立责任制，审计项目实施单位或项目团队应该有更详细的管理方案，包括审计现场管理、审计质量控制、审计成本控制等。保证按审计计划规定的时间完成任务，在尽可能节约审计成本的前提下提高审计质量。

（四）审计计划的调整

审计项目计划一经下达，各审计机构应当努力完成。但是，在审计计划实施过程中，如果出现了特殊情况，应该按照规定程序进行审批，调整审计计划。

依据《国家审计准则》的规定，在政府审计机关年度审计项目计划执行过程中，遇有下列情形之一的，应当按照原审批程序调整。

(1) 本级政府行政首长和相关领导机关临时交办审计项目的；
(2) 上级审计机关临时安排或者授权审计项目的；
(3) 突发重大公共事件需要进行审计的；
(4) 原定审计项目的被审计单位发生重大变化，导致原计划无法实施的；
(5) 需要更换审计项目实施单位的；
(6) 审计目标、审计范围等发生重大变化需要调整的；
(7) 需要调整的其他情形。

独立审计组织和内部审计机构在审计计划执行过程中，应当在必要时对审计计划进行调整，具体包括调整被审计单位或被审计部门、审计目标、审计范围、审计项目组负责人、项目构成人员、审计项目实施时间等。

（五）审计计划实施的检查与考核

各审计机构的审计计划执行完毕后，为了更好地总结工作，吸取经验教训，进一步改进审计计划管理方法，可以运用抽样检查、重点检查等方法对审计计划的实施执行情况进行全面总结、检查与考核。

审计计划执行结果的检查与考核，首先应由各审计小组或审计项目组进行自我检查考核，并撰写实施情况报告；然后由审计机构内各职能部门根据自我检查报告选择若干审计项目进行验证性检查，并写出本部门总结报告；最后由审计机构根据各职能部门的报告进行归纳总结，对涉及的有关重大问题和事项进行重点检查。根据检查评价结果，对各审计项目实施单位或审计项目组进行考核，奖惩结合，对好的做法发扬光大，对存在的问题进行原因分析，然后找出解决的措施或方案。

第三节　审计现场管理

一、审计现场的含义

顾名思义，现场一般指作业现场。审计现场有广义和狭义之分，如果把审计报告看作审计机构的"产品"，那么所有生产、加工审计报告的场所都是审计现场，即审计的全过程，包括审计前的准备、审计实施和审计终结三个阶段，这就是广义的审计现场。而狭义的审计现场仅指审计实施阶段的审计现场作业。

我们认为审计活动的各个阶段分工明晰、任务各异，共同为完成审计工作和保证审计质量服务，一般认为审计现场就是指审计项目的实施过程中在被审计单位开展的审计现场作业。

审计管理是一个有机的系统和整体，各个环节目标明确，审计现场管理就是指在审计项目实施过程中对审计现场作业管理和控制的过程。

二、审计现场管理的主要内容

（一）合理配置审计现场资源

从主客体两个方面来讲，审计资源也可分为两类：一类是审计主体资源，即审计机构可以利用的全部资源，包括审计人力资源、审计技术资源、审计设备资源等；另一类是审计客体资源，即被审计单位可供审计的对象资源。

审计资源合理配置就是要求审计主体资源和客体资源合理搭配，做到人尽其才，提高审计工作效率，保证审计工作质量。因此，审计项目组组长应该根据审计项目总体目标，制订详尽的审计实施方案，把所有审计任务进行合理分解，在充分了解审计人员各自业务能力及技术特长的基础上，给其分配恰当的工作任务。另外，在对审计任务进行分解组合时，还应该考虑审计任务相互之间的关联性和逻辑性，有些业务之间存在佐证关系的不宜人为进行分割，例如销售收入与应收账款的审查就不宜分割。

在审计实践中，审计资源配置环节可能会被提前到审计方案制订的过程中，但其本质上属于审计现场管理的组成部分，况且在审计现场根据新出现的情况，可能还需要对审计资源配置进行必要的调整。

（二）审计现场信息的沟通与反馈

在审计工作现场，审计人员的工作是相对独立的，每个人按照审计实施方案规定的程序开展工作。但是，所有人的审计工作又是一个有机整体，都是整个审计项目的组成部分，某一个审计人员发现的线索很可能就是另外一个审计人员提出审计结果的重要证据。同时，审计工作中的每一个审计事项看似独立，实则互相联系、互相印证，因此，在审计现场非常需要及时进行信息的沟通与反馈。

审计项目负责人需要发挥领导和指挥作用，定期组织召开项目组的讨论会议，除了汇报审计工作进展情况，还应该交流各自开展审计工作的体会及审计发现的重要线索和信息，以便确定下一步工作的重心和方向。如果发现有事前未曾预料的重大情况，就有必要调整审计策略和具体审计方案。

（三）合理掌控审计时间与进度

虽然审计项目的整体时间安排在审计方案中预先确定，但毕竟较为粗略，也可能存在考虑不周全的因素。因此，审计项目负责人在现场管理中就需要统筹安排各审计事项的具体时间进度，还要考虑因特殊原因需要追加审计程序而预留必要的审计时间，使得审计项目的总体时间和进度符合审计项目计划规定的时间进度要求。

另外，审计时间进度与审计详细程度是互相矛盾的。有了审计时间进度的限制，审计详细程度就要受到影响。一般情况下，审计时间进度应该服从于审计深度，但是，如果有特殊要求的审计项目，时间要求紧迫，如何在有限的时间内保证审计质量，审计项目负责人需要掌握平衡审计时间进度和审计深度的技巧，这其实是对审计项目负责人提出了更高的要求。

（四）对审计现场例外情况及突发事件的处理

审计现场管理在很大程度上依赖于审前调查以及审计实施方案的制订。但是，任何审计方案都不可能做到天衣无缝，审计方案在实施过程中总会发生未能预见的例外情况及突发事件。

如果在审计现场发生例外情况及突发事件,审计项目负责人首先需要判断其严重程度,如果这些情况不足以影响审计目标及整体工作进度,则可以采取扩大审计范围、追加审计程序的方式予以解决。如果这些例外情况及突发事件的发生导致无法实现既定的审计目标,审计项目负责人需要决定是否终止审计,并及时汇报和审批。如果终止审计工作,就应立即撤离审计现场;如果继续审计工作,就需要调整审计方案并立即重新掌控时间进度。

三、审计现场管理的作用

从系统论的角度看,审计质量控制应该是一个由各项控制机制组成的完整的质量控制体系,它涵盖审计的全过程,其核心就是对提供合格审计产品的过程进行控制。在审计全过程的整体系统中,审计现场管理与控制是一个非常重要的子系统,不仅体现管理者或组织者对审计现场的驾驭管理水平,而且是保障审计项目质量的重要措施。

(一)有利于保证审计现场作业的效率和效果

虽然各个审计机构对于开展审计项目的目标及侧重点有所差异,但仍然希望在较短的时间期限内以较低的审计成本达到预期的审计目标,即提高效率和提升效果是共同的追求。因此,加强审计现场管理、有效的组织协调、明确的任务分工、科学的规划、团队中审计人员的良好协作、畅通的信息反馈与沟通、审计组组长正确的指挥决策等,都可能成为提高现场审计效率及提升审计工作效果的重要因素。

(二)有利于保证审计结果的可靠性

审计报告作为审计活动的最终"产品",审计机构内部及外部决策者都极为关注,而反映在审计报告中的审计结果的可靠性来自于审计人员的现场审计作业。审计结果的可靠性就是审计结果的可信赖程度,由于审计活动本身存在局限性,只能对审计客体提供合理保证,公众对审计结果的可信赖程度主要建立在审计过程的可靠性上。审计过程可靠说明审计人员遵守了法律法规及审计准则,遵照审计项目计划及审计实施方案开展审计现场作业,获取了充分的审计证据,形成了客观的审计结果。

当然,审计结果的可靠性并不能仅仅依赖于审计人员的自觉性,这种可靠性的保障还来源于审计组织内部有效牵制而形成的控制机制。因此,通过审计现场管理,可以消除信息沟通障碍,排除外界因素干扰,增强审计组组长或指定人员的现场复核深度,加强审计人员现场作业监督等。所以,从管理与控制的角度看,建立有效机制可能比强调审计人员遵守职业道德更为重要,而且这个控制机制应该是完善和有效的。

(三)有利于保证审计过程的合法性和合规性

合法、合规的审计作业流程是提供可靠审计结果的基本前提,审计作业流程贯穿于审计活动的各个阶段。在审计现场，审计作业程序的合法、合规性同样十分重要。

首先，审计取证的程序必须符合法律法规的规定，未经合法合规程序取得的审计证据是无效的，在此基础上形成的审计结果也是不可靠的；其次，对具体审计事项审计程序的设计和实施也必须是合法合规的，从而保证对具体事项的审查遵守作业规范，并能有效降低审计风险，减轻审计责任。

第四节　审计资源管理

一、审计资源的含义

审计资源是指审计机构开展审计业务可以利用的人力、物力、财力、时间及信息等方面的所有资源。审计机构开展审计业务质量的高低与其拥有审计资源数量的多少密切相关，对审计资源管理的科学有效性也直接影响审计工作效率，因此，优化审计资源管理是审计工作创新发展的基础和前提。

审计资源管理是指审计机构对开展审计业务可利用的人力、物力、财力、时间及信息等审计资源进行有效地整合和优化配置，以发挥各种审计资源最大效用的活动过程。审计资源管理是审计管理的重要组成部分，对于提高审计工作效率、节约审计成本发挥着重要作用。

二、审计资源管理的必要性

（一）审计资源具有稀缺性

任何资源受制于时间、空间，相对于需求而言都是有限的。随着社会及经济发展，相对于审计的大量需求而言，审计资源也是有限的、稀缺的资源，这也是社会现实。无论是政府审计、独立审计还是内部审计，都存在着巨大的社会和市场需求，而政府审计机关、独立审计组织及内部审计机构提供的审计服务都是很有限的，主要原因就是审计资源不能满足社会对审计的需求。因此，有必要对有限和稀缺的审计资源进行管理整合。

（二）审计资源管理是为了实现审计资源的有效利用

审计资源是审计机构开展审计活动的物质基础，各个审计机构利用审计资源开展审计业务活动都是履行法定职责、发挥审计保障国家经济和社会健康运行的"免疫系统"功能、提升组织核心竞争力、提高组织科学管理水平、实现权力制衡的有力工具。加强审计资源管理可以充分发挥审计机构的职能与作用，保障组织目标的顺利实现。因此，审计机构通过充分挖潜、有效整合、合理安排等手段实现审计资源的强化管理，能够充分提高审计资源的使用效益，更加有效地实现审计目标。

（三）审计资源管理是审计管理的必然要求

审计管理的总体目标是保证审计质量，提高审计效率，防范审计风险。审计管理的各个环节都为审计管理的总体目标服务，并且每个环节的管理都不是独立的而是相互联系、相辅相成的。只有每个环节的管理协调配合，才能实现审计管理的总体目标。

审计资源管理是一项"幕后工作"，其很多管理活动隐藏在审计管理工作的背后，不如审计计划管理、审计现场管理、审计信息管理等显而易见，其发挥的作用也是潜藏在审计业务活动的过程中，所以，审计资源管理是审计管理的必然要求。

三、审计资源管理的主要内容

（一）加强审计人力资源管理、储备与培训

审计人力资源是审计资源中最宝贵、最具有开发潜力的资源，是审计管理工作的重中之重，也是审计机构开展审计业务活动的基本保障。加强审计人力资源管理、储备与培训要从以下几个方面着手。

1. 吸引和选拔优秀人才加入审计职业队伍

审计工作业务性强，技术要求高，对审计人员的综合素质和规格标准要求更高，同时，审计人员还应该具备崇高的职业道德水平以及高尚的个人道德情操，确保执业的独立性。因此，需要提高审计职业的社会认同度及社会价值，配合有效的薪酬机制，吸引优秀人才加入审计职业队伍，同时，以高标准进行选拔，确保审计人力资源的优越性。

2. 合理配置审计人力资源的专业结构

随着社会进步和经济发展，审计人员面对的审计业务越来越复杂，审计业务的专业性也越来越多元化，过去清一色财、会、审专业背景的审计人员已经不适合社会现实的需要。工程管理、造价管理、信息管理、计算机、法学等专业背景的人才已经成为审计业务开展所需要的人才，因此，各审计机构在引进和选拔人才时，必须考虑对整个团队人员的专业结构进行合理配置。

3. 合理储备审计后备人才

随着时间的推移，人总会老去。审计人力资源也会面临老化和替代，没有新的力量补充，审计事业发展也将面临巨大挑战。因此，从长远考虑，审计机构应该加强人才储备，对审计人力资源进行不断补充，形成合理梯队。

4. 对审计人力资源进行持续培训

审计人员的成长和发展也需要不断进行后续教育，不仅要培训专业知识，补充新的审

计技术和审计方法，还要针对审计业务的发展不断补充新的审计思路和理念，更要持续培训审计人员的职业素养和职业修养，保持整个队伍过硬的业务能力。

5 合理利用外部专家的工作

利用外部专家的工作其实是审计机构人力资源的延伸，在有些审计业务中，审计机构由于缺乏人手，可能无法独立完成审计任务，这时可以考虑聘用外部专家参与审计活动，提供专业指导，共同完成审计任务。

（二）统筹使用审计财力和物力资源

必要的财力和物力投入是完成审计任务的物质基础，但是，在投入的财力和物力有限的情况下，就需要统筹使用。审计机构需要对所有审计项目团队的任务数量、任务难度、目标要求等做周密的分析，根据实际需要配备适当的财力和物力。审计机构还可以依据各项目组的工作进度，将有些设备、物资、工具等流转使用，以保证各个审计项目组的财力和物力需求。

（三）充分高效利用审计时间资源

审计时间资源利用是否有效与审计计划的编制密切相关，审计机构要在掌握自身各种可利用资源的前提下周密部署、周详安排，进而编制年度审计计划。避免出现业务繁忙时审计资源紧缺，业务惨淡时审计资源闲置，不能有效发挥审计时间资源的价值。

（四）发挥审计信息资源的优势

审计信息资源包括审计机构使用的信息技术及软件资源、审计工作规范流程、收集的被审计单位详细资料、审计工作底稿、会议纪要、审计建议、审计报告等各种信息资源。审计机构可以建立信息数据库，实现信息共享，充分发挥信息资源被重复利用的价值优势，避免重复工作，提高工作效率。

（五）合理控制审计成本

控制审计成本看似与审计资源管理无关，其实不然，降低了审计成本就节约了审计资源。出于保证审计质量、防范审计风险的角度，可能会使控制审计成本的考虑受限于对审计目标的要求。但是，基于成本效益原则，还是应该对审计成本进行适当的控制，当然不能以牺牲审计质量为代价而节约审计成本，这就要求审计机构合理解决审计质量与审计成本之间的矛盾。

第五节 审计质量管理

一、审计质量的含义

审计质量是指审计工作过程及其结果的优劣程度。审计质量是审计工作的生命，审计质量是衡量审计工作成败的唯一标准，因此，审计质量管理是审计管理工作的核心和主线。

从严格意义上讲，审计质量包括审计结果质量和审计工作质量两个方面的内容。审计工作质量是审计结果质量的基础和保证，审计结果质量是审计工作质量的体现和反映。从社会对审计信息的需求来看，注重的是审计结果质量；而审计机构在审计管理中注重的则是审计工作质量。审计机构只有加强审计工作质量，才能够保证审计结果质量，满足社会对审计信息的期望和需求。

二、审计质量管理的意义

（一）有利于确保审计监督的权威性

无论是政府审计、独立审计还是内部审计，都是依法开展的审计监督活动，具有高度的独立性。审计报告无须经过任何组织的鉴证，就具有客观性、公正性，其监督效果具有很高的权威性。因此，加强审计质量管理是确保审计监督权威性的必然要求。

（二）有利于防范审计风险

提高审计质量、防范审计风险是审计工作的永恒目标，而进行审计质量管理就是防范审计风险的主要途径。由于审计工作本身的局限性，审计风险无法全部予以规避，只能采取必要措施进行合理控制，将审计风险降到审计人员可接受的低水平。当然，审计管理的各方面内容都是为防范审计风险服务的，而审计质量管理正是防范审计风险的核心和主线。

（三）有利于提供高质量的审计信息

由于审计具有高度的独立性，审计信息被社会认为是最可靠、最公正、最可信赖的信息，被政府管理机构和社会组织广泛采纳和使用，具有较强的影响力和较宽的影响面。因此，审计机构通过审计质量管理，加强审计工作的过程控制，保证审计结果的客观与公正，可以充分满足社会对高质量审计信息的需求。

（四）有利于审计事业的长远发展

只有通过审计质量管理，确保审计机构一如既往地提供高质量的审计结果信息，社会公众才能够树立对审计机构的信心，坚持对审计工作给予支持，审计机构开展审计工作才能够有动力，审计事业才会不断发展。

三、审计质量管理的要求

审计质量管理实质上贯穿于审计工作的全过程，是一项系统性工作，只有对每个环节都进行质量控制，才能够保证整体审计工作及审计结果的质量。因此，审计质量管理必须达到全面、连续、及时的要求，应该进行全要素质量管理、全方位质量管理及全过程质量管理。

（一）全要素审计质量管理

审计质量是多个因素综合影响的结果，控制审计质量就要综合考虑各个因素，全面建立审计质量控制机制。

依据国家审计准则，政府审计质量控制的要素包括：审计质量责任；审计职业道德；审计人力资源；审计业务执行；审计质量监控。

依据注册会计师审计准则，独立审计质量控制的要素包括：对业务质量承担的领导责任；相关职业道德要求；客户关系和具体业务的接受与保持；人力资源；业务执行；监控。

依据内部审计具体准则，内部审计质量控制的要素包括：内部审计机构的组织形式及授权状况；内部审计人员的素质与专业结构；内部审计业务的范围与特点；成本效益原则的要求等其他。

尽管各审计机构开展的审计业务呈现出一定的差异，进行审计质量控制的要素也略有不同，但是，都需要针对各自不同的影响因素建立全要素的质量控制机制。

（二）全方位审计质量管理

审计工作是一项专业性较强的复杂工作，不仅包括审计计划、审计组织、审计人员、审计业务、审计信息和审计研究等业务工作，还包括审计后勤保障等行政性工作，以及审计财务等经济性工作。保证和提高审计质量，必须对所有工作实施全方位的质量管理，如果每一项工作质量都有了切实保证，审计结果的质量也就有了可靠的保证。因此，需要建立各项工作的质量管理责任制。

（三）全过程审计质量管理

审计业务活动过程包括审计准备阶段、审计实施阶段和审计报告阶段三个基本过程。全过程审计质量管理需要对这三个过程分别进行质量控制，把好每个环节的质量关，保证和提高整体审计工作质量，保证最终的审计结论的客观可靠。

四、审计质量管理的内容

政府审计、独立审计及内部审计的总体目标与业务特点具有一定的差异，但是，三种审计活动的业务程序基本是规范统一的。按照控制论的原理，审计质量管理是对审计工作质量全面的、系统的和连续的控制、按照各项管理措施发生的时间可分为事前管理、事中管理和事后管理三部分。

（一）审计质量事前管理

审计质量事前管理不仅指审计计划管理，还包括建立并完善必要的审计标准、构建审计机构、培训审计人员等内容。

1 建立并完善审计工作的制度和标准

审计工作的制度和标准包括审计法律法规、审计准则、审计规范、审计实务指南等，这些制度和标准既是审计机构和审计人员履行法定审计职责的行为规范，也是执行审计业务的职业标准，更是评价审计质量优劣的基本尺度，需要在审计业务开始前完整地建立起来，并且需要随着审计环境的发展不断进行完善和更新。

2.制订完善、合理的审计项目计划

审计机构根据年度审计计划，需要针对具体的审计项目及其审计目标，依照国家有关法律、法规和制度，依照审计准则的规范要求，结合被审计单位的基本情况，研究制订相应的审计项目计划及审计方案，确保审计质量事前准备工作充分。

3.配备合适的审计人员并进行培训

根据具体审计项目计划及审计目标的需要，结合审计项目的难易程度，选拔配备合适的审计人员成立审计项目组，并对配备的审计人员进行必要的培训。

（二）审计质量事中管理

审计质量事中管理主要是指对审计过程的管理，应该从审计项目组进入被审计单位开始，到出具审计报告后审计项目组撤离被审计单位结束，需要做好三个方面的管理：

1.确保按审计项目计划和审计方案实施审计工作

审计人员应该严格按照预先确定的审计项目计划和审计方案开展审计现场作业，除非例外情况或特殊事项，否则不得随意改变预先确定的方案。

2.进行审计现场管理，加强信息沟通

审计项目负责人要切实履行工作职责，开展审计现场管理，确保审计人员认真进行现场作业，收集充分的审计证据，客观地进行评价，保证实事求是、客观公正。

3.以审计证据为依据出具恰当的审计报告

审计人员要以取得的审计证据为依据，提出合适的审计意见与审计结论，出具反映审计过程与结果的审计报告。同时，认真复核审计报告，形成恰当的审计意见书和审计决定。

（三）审计质量事后管理

审计质量事后管理是指对审计质量的反馈与对审计结果的利用。审计机构应该将审计质量管理的工作向后延伸，现场审计工作结束出具审计报告后，审计机构可以进行审计回访，或者进行后续审计以检查审计建议的落实情况，以及审计决定的执行情况，从而决定采取相应措施。另外，如果有必要的话，审计机构可以将审计信息公开，并与相关部门沟通对审计结果的利用，提升审计结果的使用价值。

审计质量的事前管理、事中管理和事后管理相互联系、相互制约，共同构成完整的审计质量控制体系，核心是对审计人员行为的管理。

五、审计质量管理的措施

（一）建立分层次责任制度

一般情况下，审计机构开展业务活动都需要成立项目小组，项目负责人对审计业务的总体质量负责是第一个层次的责任制度；如果审计机构规模较为庞大，可能还会根据业务属性设立多个业务部门，部门负责人对该部门开展的所有审计业务的总体质量负责就是第二个层次的责任制度；最后由审计机构负责人对该机构所有审计业务的总体质量全部负责。

建立分层次的责任制度，并且进行相应的责任考核以及业绩评价，形成良好的审计质量管理环境，树立质量至上的工作宗旨，这样才能激励所有审计人员全身心投入，为保证审计质量尽心工作。

（二）培养合格的项目负责人

在审计实务中，项目负责人应当充分发挥示范作用和领导作用，除了带头遵守法律法规、职业道德守则和审计准则，按照规范执行审计业务之外，还要组织、协调和管理好整个项目组成员的工作，因此，合格的项目负责人对于审计质量的管理和控制至关重要。一般情况下，项目负责人应该做好以下工作：

（1）审计业务实施前全面了解被分派审计项目的情况，总体评价审计风险。

（2）及时全面地制定总体审计策略和重要审计领域的具体审计计划。

（3）认真组织现场审计，合理安排审计人员，督导其他审计人员的工作。

（4）把握重点审计领域和重点审计事项。

（5）认真复核审计工作底稿。

（6）善于与被审计单位沟通，对于重大事项应与其他审计人员、质监人员沟通，并及时向部门负责人及分管项目的有关领导汇报。

（7）收集归纳审计问题，认真撰写审计总结。

（8）认真复核被审计资料及审计证据，撰写审计报告。

（9）关注审计报告出具后的期后事项。

（10）对审计项目组成员的工作做出评价。

（三）进行分阶段质量控制

审计工作具有明显的阶段性特点，每个阶段的工作内容不尽相同，但每个阶段的工作质量都会对审计工作的总体质量造成影响，因此，需要对每个阶段的工作进行事前筹划、统筹安排。尤其要发挥项目负责人的领导作用，管理好现场审计工作。项目负责人应该熟知项目组每个成员的能力和特点，安排工作时应该发挥每位成员的业务能力和特长，做到人尽其才，并及时检查和指导他们的工作。项目负责人对其他审计人员反映的问题应及时解决，对有疑虑的情况应及时追加审计程序收集充分、适当的审计证据，能够现场解决的问题果断解决，一时难以解决的问题及时与被审计单位沟通，并向部门负责人、质监人员及主管领导汇报，在保证审计质量的前提下，确保审计工作按计划进度如期完成。

（四）进行关键点质量控制

所谓关键点就是指对审计质量具有重大和直接影响的业务环节。进行关键点质量控制就是要求对整个审计业务过程中列为关键点的环节和要素采取强有力的措施进行管理和控制，确保关键点的审计质量达到审计业务的整体质量要求。

进行关键点质量控制的核心是确定某项审计业务的关键点。不同的审计项目不同的审计业务范畴，以及同一审计业务的不同阶段，都有不同的关键点。因此确定审计业务的关键点，需要经验丰富的审计人员或者项目负责人发挥职业判断能力，对审计项目进行全面评估，把需要重点控制的关键点纳入审计策略及具体审计计划，进行重点监控。

（五）进行审计质量监督检查

审计质量监督检查是指由审计机构派出专门的检查小组或人员对正在执行或已经结束的审计项目的审计质量进行有目的的检查和评价。这种监督和检查也可以建立相关制度，成为审计机构的一项例行工作。

审计质量监督检查可以在审计现场进行，发现问题及时纠正，时协会会计师事务效性较高；也可以事后进行，以检查审计档案为主要形式，可以查漏所执业质量检查补缺，为以后的审计质量管理提供借鉴和参考。

第六节　审计信息管理

一、审计信息的含义

审计信息有狭义和广义之分。狭义的审计信息仅指审计机构在开展审计工作过程中形成的公文、审计工作底稿、审计报告等规范的档案性文件和资料;广义的审计信息是指在开展审计工作过程中,审计机构收集及产生的以各种形式存储的所有文件、资料、数据等。审计信息的概念向外延伸,有利于更好地为开展审计工作服务。

审计信息管理就是指审计机构对各种审计信息进行收集、加工、整理、存储反馈、利用等,用来加强指导和控制审计工作的一系列活动。

二、审计信息的分类

(一)按审计信息的来源分类

按照审计信息的来源分类,审计信息可以分为外部审计信息和内部审计信息。外部审计信息主要是指来自于审计机构外部的各种审计信息,包括来自于被审计单位的相关信息以及与其他审计机构交流的审计信息;内部审计信息是指审计机构在开展审计业务过程中产生的各种文档资料等信息。

(二)按审计信息的内容属性分类

按照审计信息的内容属性分类,审计信息可以分为审计业务信息和非审计业务信息。审计业务信息是指开展审计业务过程中在计划、实施、报告等工作阶段形成的各种审计信息;非审计业务信息是指与审计业务没有直接联系的有助于审计工作开展的其他审计信息。

(三)按审计信息的存储形式分类

按照审计信息的存储形式分类,审计信息可以分为纸质审计信息和电子审计信息。纸质审计信息是指以纸质为存储介质的审计信息;电子审计信息是指以电子数据为存储形式的审计信息。

三、审计信息管理的意义

审计信息管理的主要目的在于保证审计信息资源能得到有效的开发和利用,有利于改进审计工作方法,提高审计工作效率,保证审计工作质量。在现代社会中,获取和掌握信息既是管理活动的重要内容,又是管理活动的终极目标。作为各类审计机构,由于其工作具有连续性和重复性,收集、开发、利用、反馈各类审计信息对其进行审计管理、开展审计业务具有重要意义。

(一)收集审计信息有利于掌控资源优势

在市场经济环境中,资源优势能够发挥不可替代的作用,谁掌握资源就占据主动位置。因此,审计机构注意收集来自各方面的审计信息,就将拥有信息资源优势,对政府审计机关来说可以做到未雨绸缪,对独立审计组织来说可以在市场竞争中处于优势地位,对内部审计机构来说可以提前掌控组织全局,做到有的放矢。

（二）充分利用审计信息可以改进审计方法

对收集的审计信息进行归纳整理并分析，可以从中发现存在的问题，并改进审计方法，从而保证审计结果的准确性，最终保证审计质量。尤其是审计业务信息审计机构应该充分发挥其应有的价值。

（三）充分利用审计信息可以提高审计工作效率

对审计信息进行梳理和分类后，就可以分门别类地进行使用。比如，对于较为成熟的审计项目所适用的审计方案和审计策略，可以直接采用，节省时间和成本；对于需要继续改进完善的审计信息，进行分析和改进后也可以采用，避免重复工作，大大提高了审计工作效率。

（四）交流和反馈审计信息可以提高审计工作的整体水平

政府审计机关、独立审计组织、内部审计机构的业务领域有所差异，但是，审计思想、审计方法、审计技术等方面则是相通的。因此，在保护商业秘密的前提下，各个审计机构之间可以充分交流和反馈审计信息，做到资源共享，取长补短提高审计行业的整体水平。

四、审计信息管理的内容

（一）审计信息的收集获取

审计信息的收集获取是指各个审计机构根据审计业务开展和审计管理需要，从各种信息来源渠道取得各类审计信息的过程。审计信息的收集获取可以被理解为审计信息进入审计信息管理系统的过程，处于审计信息管理循环的起点，是审计信息管理过程的开始。

审计信息的收集获取必须选择合理的程序和方法，具体包括：（1）确定收集获取审计信息的目标；（2）制订收集获取审计信息的计划；（3）运用恰当的收集获取审计信息的方法；（4）汇总传递收集获取的审计信息。

收集获取审计信息要及时、准确、全面，也要突出重点，同时与审计工作的开展密切相关。

（二）审计信息的梳理加工

审计信息的梳理加工是一个去粗取精、去伪存真的过程，是审计信息管理工作的核心内容和重要环节。对初始收集获取的审计信息进行分析、比较、研究和梳理，实际上就是对审计信息进行全面校验，剔除不真实、不准确的信息，从而大大提高了审计信息的真实性、可靠性，同时压缩去除多余审计信息，使审计信息精炼清晰。此外，通过审计信息的梳理加工，还可以派生出新的更有价值的审计信息，发挥审计信息的增值效果。

（三）审计信息的输出利用

审计信息的输出利用是指审计机构将收集获取的及经过梳理加工的审计信息，传输给审计信息使用者的过程。审计信息的输出利用是实现审计信息价值的桥梁通过把有用的审计信息输出给使用者加以利用，才能真正发挥审计信息的作用。同时，审计信息的输出利用也是审计信息梳理加工的必然结果，因为收集加工的审计信息若不及时输出利用就不能发挥其应有的价值。

（四）审计信息的反馈循环

审计信息的反馈循环是指将输出利用的审计信息产生的结果与实际情况相比较后再反馈回来，并对审计信息的再输出产生影响的循环过程。审计信息反馈时，应力求准确、可靠、及时和简单。

审计信息反馈循环的目标是评价输出利用的审计信息产生的效益和效果，进步提高审计信息的利用价值，为下一步输出审计信息提出改进措施。因此，审计信息输出机构和审计信息使用机构应该及时沟通反馈审计信息的使用效果，分析审计信息输出利用过程中产生的需要进一步优化的相关问题，提出解决方案和措施，提高审计信息再次输出利用的适应性。

（五）审计信息管理手段升级更新

审计信息管理手段升级更新是指随着信息技术的发展和进步，审计信息管理应该充分利用信息技术的优势，在管理方式和管理手段上不断创新。在信息技术高度发达的背景下，也应该将信息技术优势应用到审计信息管理当中。目前，计算机辅助审计已经得到普遍应用，可以在此基础上开发并实施审计信息系统，融汇更多功能，既便于开展计算机辅助审计，又便于审计信息管理。这样不仅可以提高审计信息管理效率，也可以促进审计信息管理手段不断地升级更新。

五、审计档案管理

（一）审计档案的含义

中华人民共和国审计署、国家档案局于2012年11月28日公布了《审计机关审计档案管理规定》，并自2013年1月1日起开始施行。其中第二条规定："审计档案，是指审计机关进行审计（含专项审计调查）活动中直接形成的对国家和社会具有保存价值的各种文字、图表等不同形式的历史记录。"

对于独立审计组织和内部审计机构而言，审计档案记载的内容可能不同，但是，审计档案的属性、形式及价值基本相同。

（二）审计档案的分类

1. 按审计体系分类

按审计体系分类，审计档案可以分为国家审计档案、独立审计档案和内部审计档案。

2. 按审计档案的属性分类

按审计档案的属性分类，审计档案可以分为结论类、证明类、立项类、备查类审计档案。

3. 按审计档案的载体分类

按审计档案的载体分类，审计档案可以分为纸质审计档案和电子审计档案。

（三）审计档案管理的意义

审计档案管理，就是指各审计机构对审计业务活动及审计管理活动中所形成的文件资料等进行收集、整理、编制、保管、鉴定、利用、统计及移送等工作，使审计档案条理化、规范化，维护其实物形态及使用价值不受损坏的一系列活动。

审计档案是各审计机构在审计活动中积累的专业档案，是执行审计任务的真实记录，也是考察审计工作质量、研究审计历史的依据和必要条件。其中，国家审计机关的审计档案属于国家档案的重要组成部分，独立审计组织及内部审计机构的审计档案不仅是该审计机构的重要文献资料，也是其从事审计活动的真实记录及法律凭证。因此，收集、整理、保管、利用好审计档案是各审计机构的重要任务，也是审计管理工作中不可缺少的重要环节。审计档案对于提供可靠的查证资料、提高审计工作质量、促使审计管理工作规范化、促进审计理论研究等方面都具有非常重要意义。

（四）审计档案管理的内容

1. 审计档案的收集

审计档案的收集一般从审计案卷的收集开始。审计案卷是审计档案的一个单元，审计档案就是由若干审计案卷组成的。审计案卷的收集一般以归档形式来完成。审计档案的收集应该注意以下事项。

（1）明确审计档案收集的范围，保证归档文件资料的完整性和系统性。根据《审计署审计文件材料立卷归档操作规程》的规定："审计文件材料，是指审计机关和审计人员在审计或专项审计调查活动中直接形成的各种文字、图表等形态的纸质记录材料。"

（2）坚持完整与精炼的原则，保证审计档案的质量。审计档案的收集既要确保与审计事项密切相关的文件资料必须全部收集、立卷和归档，避免遗漏，甚至予以补救，确保审计档案的完整性；又要对收集的审计档案进行鉴别和挑选，并加以取舍，对不必归档的作为资料保存，避免重复，力求精炼。

2. 审计档案的立卷

审计档案的立卷是指将收集完毕的具有保存价值和密切关联的审计文件资料，经过系统整理组成案卷的过程。具体工作内容包括：组卷、案卷内文件资料的排列与编号、案卷编目与装订等。

审计档案案卷质量的基本要求是：审计项目文件材料应当真实、完整、有效、规范，并做到遵循文件材料的形成规律和特点，保持文件材料之间的有机联系，区别不同价值，便于保管和利用。

审计文件材料应当按照结论类、证明类、立项类、备查类4个单元进行排列。审计文件材料按审计项目立卷，不同审计项目不得合并立卷。

审计文件材料的归档时间应当在该审计项目终结后的5个月内，不得迟于次年月底。跟踪审计项目，按年度分别立卷归档。

3. 审计档案的保管

审计机关审计档案应当实行集中统一管理。审计机关应当设立档案机构或者配备专职（兼职）档案管理人员，负责本单位的审计档案管理工作。审计档案的保管是指审计档案管理人员依据相关制度及采取有效措施保证审计档案的安全、完整尽可能延长审计档案的使用寿命，发挥审计档案的使用价值。

审计档案应当采用"年度-组织机构-保管期限"的方法排列、编目和存放。审计案卷排列方法应当统一，前后保持一致，不可任意变动。审计机关应当按照国家有关规定配置具有防盗、防光、防高温、防火、防潮、防尘、防鼠、防虫功能的专用、坚固的审计档案库房，配备必要的设施和设备。

审计档案的保管期限应当根据审计项目涉及的金额、性质、社会影响等因素划定为永久和定期两种，定期分为30年、10年两种。

（1）永久保管的档案，是指特别重大的审计事项、列入审计工作报告、审计结果报告或第一次涉及的审计领域等具有突出代表意义的审计事项档案。

（2）保管30年的档案，是指重要审计事项、查考价值较大的档案。

（3）保管10年的档案，是指一般性审计事项的档案。

审计机关业务部门应当负责划定审计档案的保管期限。审计档案的保管期限自归档年度开始计算。

审计机关应当根据审计工作保密事项范围和有关主管部门保密事项范围的规定确定密级和保密期限。凡未标明保密期限的，按照绝密级30年、机密级20年、秘密级10年认定。

4. 审计档案的利用

审计档案的利用是指审计档案管理部门为了满足社会需要，向审计档案使用者提供审计档案的服务活动。审计档案的利用既是审计档案管理工作的出发点，又是审计档案管理工作的归宿，同时也是审计档案发挥其价值的重要体现。

审计机关应当加强审计档案信息化管理，采用计算机等现代化管理技术编制适用的检索工具和参考材料，积极开展审计档案的利用工作。

审计机关应当建立健全审计档案利用制度。借阅审计档案，仅限定在审计机关内部。审计机关以外的单位有特殊情况需要查阅、复制审计档案或者要求出具审计档案证明的，须经审计档案所属审计机关分管领导审批，重大审计事项的档案须经审计机关主要领导审批。

5. 审计档案的移交与销毁

省级以上（含省级）审计机关应当将永久保管的、省级以下审计机关应当将永久和30年保管的审计档案在本机关保管20年后，定期向同级国家综合档案馆移交。

审计机关应当按照有关规定成立鉴定小组，在审计机关办公厅（室）主要负责人的主持下定期对已超过保管期限的审计档案进行鉴定，准确地判定档案的存毁。

审计机关应当对确无保存价值的审计档案进行登记造册，经分管负责人批准后销毁。销毁审计档案，应当指定两人及以上负责监销。

参考文献

[1] 张梅菊，邱锐，赵蕾主编.财务会计 [M].长沙：湖南师范大学出版社，2017.02.

[2] 宋桂红，肖文星主编；曹洪颖，王秀芬，何素梅，乌达副主编.财务会计学 [M].西安：西安交通大学出版社，2015.01.

[3] 徐丰利，李永军编著.基本建设财务核算管理与审计 [M].北京：石油工业出版社，2017.03.

[4] 王会金主编.企业财务审计 [M].北京：中国财政经济出版社，2006.08.

[5] 程瑶主编.财务会计学 [M].北京：经济日报出版社，2017.02.

[6] 王砚书，刘洪锋，武侠主编.审计学 [M].沈阳：东北财经大学出版社，2019.01.

[7] 李华主编.审计实训 高等教育财务会计 [M].沈阳：东北财经大学出版社，2017.05.

[8] 于玉林，项文卫主编.审计管理学 [M].北京：中国时代经济出版社，2009.07.

[9] 王宏，邹春主编；李丽娜，佟玲副主编.审计理论与实务 第 2 版 [M].北京：北京理工大学出版社，2014.08.

[10] 张永国主编.财务审计 [M].沈阳：东北财经大学出版社，2018.06.

[11] 李兆华，张凤元主编；王宇慧，孟丽荣副主编.企业财务审计 [M].哈尔滨：哈尔滨工程大学出版社，2015.07.

[12] 王会金主编.审计学 [M].北京：中国时代经济出版社，2014.12.

[13] 刘媛，姜剑，胡琳.企业财务管理与内部审计研究 [M].黄河水利出版社，2019.07.

[14] 夏迎峰，刘会敏主编.审计学 [M].北京：北京理工大学出版社，2017.09.

[15] 李定清，曾林主编.现代财务与会计探索 第 3 辑 [M].成都：西南交通大学出版社，2016.06.

[16] 王振秀，洪荭主编.审计学 [M].上海：上海财经大学出版社，2017.01.

[17] 叶忠明主编；杨录强，田林副主编.审计学原理 [M].沈阳：东北财经大学出版社，2019.01.